JN438919

봉산동 골목길

박금우 수필집

봉산동 골목길

인　쇄 | 2021년 8월 13일
발　행 | 2021년 8월 17일

글 쓴 이 | 박금우
펴 낸 이 | 장호병
펴 낸 곳 | **북랜드**
06252 서울 강남구 강남대로 320, 1108호(황화빌딩)
41965 대구 중구 명륜로12길 64(남산동)
전화 (02) 732-4574 | (053) 252-9114
팩스 (02) 734-4574 | (053) 252-9334
등 록 일 | 2000년 11월 13일
등록번호 | 제2014-000015호
홈페이지 | www.bookland.co.kr
이 - 메일 | bookland@hanmail.net

책임편집 | 김인옥
교　열 | 배성숙 전은경

ISBN 978-89-7787-041-3 03810
ISBN 978-89-7787-042-0 05810 (e-book)

값 12,000원

박금우 수필집

봉산동 골목길

북랜드

| 책을 내며 |

봉산동 골목길에서 함께 숨바꼭질하고 고무줄놀이하며 뛰놀던 친구들은 지금 어디에서 무얼 하며 살고 있을까?

바쁜 일상 속에서도 문득 옛 생각이 나곤 합니다. 그런데 참 이상하지요. 최근의 일도 잘 기억하지 못할 때가 있는데, 어린 시절의 장면이 선명하게 저장된 걸 보면요.

대구광역시 대봉로 ○○길. 4살 때부터 살던 동네입니다. 행정구역 개편으로 대봉동으로 바뀌었지만 원래 봉산동에 속했습니다. 봉산동 골목길을 뒤로하고 처음부터 대봉동이라 불리던 집으로 이사한 해가 1973년입니다.

세월이 흐르면서 한 집 두 집 떠나더니, 두 곳 모두 고요한 마을로 변했습니다. 중학교 졸업앨범의 주소록에 봉산동과 대봉동이 지면의 상당한 부분을 차지할 만큼 사람들로 북적이던 동네였는데 말입니다.

봉산동을 떠난 지 오랜 세월이 흘렀습니다. 언제부터인가 벽에 '철거'라는 빨간 페인트칠을 한 집들이 늘어나기 시작하였습니다. 이사한 대봉동 집은 재개발로 허물어져 빈터로 남았다가, 아파트 공사가 진행 중입니다. 봉산동 옛집과 근처 몇 집들이 간신히 예전의 모습을 유지하고 있을 뿐입니다. 골목길의 전경이 모두 사라지기 전에 기억의 저편에 잠재된 어린 시절의 이야기를 꺼내 보려 합니다.

생각을 글로 표현하는 작업은 시간이 꽤 걸렸습니다. 물리학 전공인 데다 별도의 글쓰기 교육을 받은 적이 없다는 사실도 마음에 걸렸습니다.

제 원고를 읽은 서울 동마중학교 이은경 선생님이 추억을 소환하는 아름다운 글이라는 칭찬을 아끼지 않았습니다. 충북 대학교 화학교육과 한재영 교수님은, 본인에 대한 기록은 개인 적으로나 사회적으로 큰 의미가 있으며 또 소중하다고 용기를 북돋아 주었습니다.

마침내 은사님이신 아동문학가 하청호 선생님의 격려에 힘입어 두서없는 글을 수필집으로 세상에 내놓게 되었습니다.

어린 시절의 추억 속에 함께하였던 봉산동 골목길 친구들과 이웃 사람들, 초등학교와 중학교 동문들과 은사님들 그리고 마음속에 고향을 간직하고 사는 모든 분에게 이 책을 바칩니다.

2021년 8월

박 금 우

| 차례 |

1부 봉산동 골목길

2부 우리들 마음에 빛이 있다면

3부 먼 훗날 다시 만나면

봉숭아꽃을 찧어 손톱에 물들이고,
활짝 열린 대문으로 서로의 집을 오가던
봉산동 골목길의 친구들도
가끔은 그때를 그리워하겠지요.

1부

봉산동 골목길

골목길을 울리는 소리

"백~철 그릇 바꾸이소."

아저씨의 쩌렁쩌렁한 음성과 함께, 그릇과 양은 냄비 그리고 솥을 가득 실은 손수레가 마술처럼 골목으로 스르륵 들어온다. 구멍 난 솥을 가져와서 땜질하는 집, 낡은 솥을 새 솥으로 바꾸려고 흥정하는 사람들, 구경 나온 아이들까지 몰려나와 온 동네가 시끌벅적하다.

아저씨는 '백~철' 할 때마다 백에다 힘을 주며 운율을 넣고, 사내아이들이 같은 말을 외치면서 손수레 뒤를 줄지어 따라다닌다. 손수레가 골목길을 벗어나 봉산시장 큰길로 옮겨갈 때, 시장 아이들까지 합세하여 긴 행렬이 이루어졌다. 그렇게 무거운 손수레를 아저씨 혼자 어떻게 이동시켰을까? 지금 생각해봐도 신기하다.

딸랑딸랑 종소리는 쓰레기차의 등장을 알리는 신호이다. 우리는 사과 궤짝, 옆집은 큼직한 고무대야로 청소 통이 제각각이어도 겨울철에는 대부분 연탄재가 자리 잡았다.

백발의 청소부 아저씨가 마흔에 얻었다는 잘생긴 아들이, 고등학교 교복을 입은 채 새벽마다 아버지의 청소 손수레를 묵묵히 밀고 다녔다. 그 일을 두고 동네 사람들로부터 칭찬이 자자했는데, 큰 기관에서 수여하는 효행상을 받았다는 소식이 전해졌다.

"황길남 씨~, 황길남 씨 전보 왔습니다."

통금이 한참 지난 밤중에 다급한 소리가 담을 넘는다.

"이 시간에 전보라면 누가 돌아가셨나 보네."

어머니의 나지막한 음성을 듣고 나도 잠에서 깼다. 모르는 이름인 걸 보면 세 살거나 이사 갔을 수도 있다며 부모님이 안타까워하셨다. 도시로 일하러 간 자녀들이 일정한 연락처가 없는 경우가 흔했다.

골목길을 쉼 없이 오가며 전보 왔다고 외치던 집배원 아저씨의 애절한 음성이 지금도 여운으로 남아서 들리는 듯하다. 그날 황길남 씨는 전보를 받고 고향으로 돌아갔을까.

"계란빵 사이소. 따끈따끈한 계란빵이 왔어예."

유난히 작은 계란빵 장수의 목소리를 누군가 용케 알아들었다. 바구니를 내려놓은 아줌마가 보자기를 풀자 밀가루 냄새가 풀풀 풍겨 나온다. 밀가루 한 양푼에 달걀 몇 개를 넣었을까? 먹음직스럽게 만들었으면 좋았으련만, 안타깝게도 밀가루 반죽을 솥에 쪄낸 그 빵은 동네 사람들의 관심을 끌지 못하였다.

가장의 역할을 감당하게 된 여성들이 할 수 있는 일이 그리 많지 않았다. 강냉이 장수로 나서거나 음식을 만들어 머리에 이고 팔러 다녔다. 계란빵을 팔던 아줌마의 나이는 많아봤자 30대 초반에 불과했을 것이다.

숙모뻘 되는 친척은 비산동의 공장에서 일하며 남편 병시중과 네 명의 자녀들을 건사하였다. 여성은 약하나 어머니는 강하다. 50년 전에 그랬듯이 지금도.

바람 쌩쌩 부는 겨울밤이면 어김없이 등장하는 찹쌀떡, 여름의 시작을 알리는 소년의 아이스케끼 외침이 멈춘 지 오래다. 대학교에 다닐 때 남학생의 고풍스러운 책가방을 두고 동기생들이 채권 가방이라 부르며 짓궂게 놀렸다. 그것과 비슷한 모양의 가방을 들고 봉산동 골목길에서 채권을 팔러 다니던 나이 지긋한 아저씨의 중저음 목소리가 오늘따라 유난히 그립다.

초가집 강규

동네에서 유일한 초가집 문간방에 강규랑 엄마 둘이 살았다. 순희는 나보다 몇 살 더 많은 초가집 주인 딸이다. 흰쌀밥을 먹는 집들이 손에 꼽을 정도인데, 순희 언니 집에 가면 쌀밥이 흔했다. 초가에 살았지만, 언니 집은 형편이 그다지 어렵지 않은 듯 보였고, 인심 또한 넉넉했다.

언니 바로 위 오빠가 그늘진 빨랫줄에 걸어놓은 채반에서 밥을 덜어내어, 총각김치를 척 걸쳐서 한입에 넘기는 모습을 볼 때면 침이 꼴깍 넘어갔다. 순희 언니 집에 다녀온 날에는 우리도 보리밥 말고 쌀밥 먹자며 어머니를 조르곤 했다.

강규 엄마는 늘 종종걸음으로 골목을 나섰다. 장바구니를 손에 들고 참기름 행상을 다녔지만, 벌이가 신통치 않았다. 그 시절에 행상하면서 유복한 가정이 있었을까마는, 강규 엄마는 유난히 힘든 상황이었던 것 같다.

하루는 우리 집에 수돗물이 나오지 않아, 순희 언니 집으로 심부름을 갔다. 공교롭게도 주인집 가족은 모두 출타 중이다.

"어무이가 물 한 바게쓰양동이 빌려오라 카시던데예빌려오라고 하셨어요."

점심 먹으러 집에 들른 강규 엄마의 날카로운 음성이 되돌아왔다.

"물을 와 여서 달라카노여기서 달라고 하느냐."

갑자기 물이 나오지 않는다는 상황 설명도 통하지 않았다. 풀이 죽은 채 빈 양동이를 들고 돌아온 나에게 어머니는 별다른 반응을 보이지 않으셨다.

며칠 후 토요일에 학교 갔다 돌아오니 우리 집 마당이 온통 파헤쳐져 있었다.

"주야네 점방에 가서 사이다 한 병 사 온나사 오너라."

어머니 심부름으로 신나게 달려가서 가져온 말표 사이다는 작업반장 아저씨 것이다. 다른 인부들은 막걸리에 정구지부추전이 새참으로 나갔다. 하지만 아저씨는 교회에 다니기 때문에 술을 마시지 않아 사이다를 대접한단다.

마당을 파서 모은 흙더미는 쇠가 함유된 것 같은 독특한 냄새를 풍겼다. 수도관이 낡아서 교체 말고 다른 방법이 없다는데, 공사가 끝나자 신기하게도 물이 콸콸 쏟아져 나온다.

주인이 아닌 강규 엄마가 수돗물 한 양동이를 선뜻 내어주기란 쉽지 않았으리라. 물을 얻으러 온 이웃집 아이에게 친절을 베풀 만한 여유 또한 없었을지도 모른다.

“와! 나는 라면 끓일 끼다. 너거들은 라면 묵어봤나.”

골목이 떠나가라 질러대는 소리를 듣고 동네 아이들 몇 명이 강규네 방 앞으로 모였다. 그날따라 참기름이 잘 팔렸나 보다. 강규 엄마가 라면 한 봉지를 건네주고 집을 나섰다.

연탄 화덕에 냄비를 올려놓으면서 강규는 몹시 흥분하였다. 우리가 물이 많다고 그렇게 말리는데도 덜어내지 않고 고집을 부렸다. 잠시 후 물이 출렁거리는 라면 냄비를 들고 방으로 들어가더니 문을 닫았다.

‘더운 여름날에 방문을 열었으면 좋았으련만. 게다가 물을 덜어냈더라면 더 맛있게 조리되었을 텐데. 강규야! 네가 끓인 라면, 나누어 달라고 할 생각이 조금도 없었단다. 비록 어렸지만, 라면 하나에 어떤 의미가 담겼는지 잘 알고 있었거든.’

강규는 거의 50년 전인 그날의 일을 기억할까? 자신에게 라면 한 봉지를 건네주고 찬밥에 물을 말아 후루룩 넘기고는 다시 참기름 행상을 떠났을 엄마의 고단했던 일상도 잊지 않고 있겠지.

숙이 엄마

"니 그거 아나? 숙이 엄마가 기생이라 카던데."

"머라꼬? 진짜가?"

동네 아이들이 낮은 목소리로 숙이 엄마 이야기를 주고받았다. 숙이는 현자네 문간방에 세 들어 사는 아이다. 국민학교초등학교 2학년 때 나와 같은 반이 되었는데 누구에게도 곁을 내어주지 않고 입을 굳게 다문 채 학교를 오갔다. 몸에서 비릿한 생선 냄새를 풍겨 친구들도 선뜻 다가가려 하지 않았다.

현자는 함께 놀아줄 친구들이 드물었고, 가족들도 동네 사람들과 거의 왕래하지 않고 지냈다. 나보다 한 살이 더 많아 언니라고 해야 하나 그냥 이름을 불렀다. 현자도 호칭을 문제 삼지는 않았다.

현자와 나는 대체로 오후반이 같이 돌아왔다. 오후반에 걸리는 주간이면 중앙초등학교에 가서 놀다가 학교로 가자며 우리 집으로 찾아왔다. 중앙은 우리 학교에 없는 꼬불꼬불한 미끄럼틀이며 재미난 놀이시설이 많은 곳이다.

하루는 집요하게 중앙초등학교로 동행하기를 강요하는 현자와 거절하는 나 사이에 실랑이가 벌어졌다. 결국 내 얼굴에 깊은 손톱자국을 남기고서야 끝이 났다.

얼굴에 줄줄 흘러내리는 피를 보고 놀란 어머니가 내 손을 잡고 그 집으로 달려가셨다. 현자 엄마가 연방 고개를 숙이며 잘못을 비는 동안, 정작 당사자는 뒤꼍으로 도망가더니 울음을 터뜨렸다. 그 일로 한동안 내 얼굴에 상처가 남았지만, 거기로 놀러 가자는 현자의 끈질긴 강요에서 벗어날 수 있어 한편으로는 후련했다.

내가 반사적으로 거부반응을 일으키는 여성들에게 공통점이 있다는 사실을 나중에 알아차렸다. 대구에서 쓰는 말로 거신거칠고 억센 여자인데, 어린 시절 현자와의 불편한 관계에서 기인한 것 같다.

그 아이는 대화로 설득하기보다는 윽박지르며 자신의 주장을 폈다. 이마저 통하지 않을 때는 팔을 휘휘 돌리면서 주먹으로 때리기까지 했다. 현자 엄마는 당시 부유함의 상징이던 여우 목도리를 두르고 다녔는데, 표정은 수심이 가득한 사람처럼 어두워 보였다.

추석을 앞두고 집마다 전 굽는 냄새가 담을 넘었다. 숙이 집 앞을 지나다가 고운 한복을 입은 여인을 보고 걸음을 멈추었다. 올림머리, 긴 속눈썹, 빨간 립스틱을 짙게 바른 아줌마가 숙이 엄마임을 직감했다. 무심한 표정의 숙이와는 달리 남동생은 부침개를 집어 먹으며 엄마 주변을 맴돌았다.

숙이 엄마 반죽에는 치자 물이 유난히 진해서 채반에 올려놓은 전마다 노란색을 띠었다. 추석이 지난 후 생선이 담긴 나무상자를 머리에 이고 팔러 나가는 숙이 할매만 골목을 오갈 뿐, 숙이 엄마는 다시 찾아오지 않았다.

찬 바람이 쌩쌩 부는 겨울날, 숙이네 세간이 길거리로 나왔다. 찬장, 이불, 앉은뱅이책상……. 월세가 밀려 주인집에서 쫓겨났단다. 동네 사람들이 번갈아 가며 국밥을 말아 숙이 할매에게 가져갔다.

"이거 자시고 우쨌든지 힘 내이소."

이웃들이 보낸 무언의 압력이 효력을 발휘하였을까. 호야네 집에서 임시로 거처하던 숙이네 가족이 며칠 후 문간방으로 돌아갔다. 그러나 이듬해 봄이 찾아왔을 무렵 그들은 동네를 떠났다. 전학을 가지 않았기에 학교에서는 만날 수 있었다. 그때 왜 숙이에게 선뜻 다가가지 못하였을까? 주변만 맴돌지 말고 진심을 전했더라면 좋았으련만.

"숙아! 암말 않고 어데로 이사 갔더노? 니 무지 보고 싶었데이."

주야네 점방

동그란 은박지를 벗기자 연갈색 초콜릿이 자태를 드러낸다.

"와! 초다, 초."

아이들은 초콜릿 표면의 반질거리는 부분을 초라고 불렀다. 과자에 양초를 바르다니 말이 되지 않는데도 그렇게들 믿었다. 5원짜리 초콜릿(초콜릿 성분이 들어있었는지 의문이다.)과 양갱 그리고 무려 15원을 내야 가질 수 있는 카스텔라는 동네 아이들 사이에서 부의 상징이자 부러움의 대상이었다.

우리 집을 기준으로 북쪽에는 주야네 점방, 남쪽으로는 이북내기 점방이 자리 잡았다. 주야는 나보다 몇 살 어린 여자아이다. 이북내기라 불리는 아줌마는 어린 아들을 홀로 키우며 살았다.

현자는 엄마가 이북내기 점방에 돈을 맡겨놓아서인지 주전부리가 심했다. 대략 어른 중지 길이의 투명빨대 속에 노란색의 치약 비슷한 것이 든 '아폴로'라는 과자가 아이들의 인기를 끌었다. 껍질을 이빨로 긁거나 손가락으로 눌러 짜 먹으면 달콤하면서 특유의 향내가 났다. 보통 한두 개씩 사 먹는 아이들과 달리 현자는 손에 한 움큼 아폴로를 쥐고 이북내기 점방 주인에게 물었다.

"울 엄마가 을매를얼마를 맡겨놓았는데예?"

아줌마가 300원이라고 하자 나를 힐끗 보며, 뻐기듯이 "겨우?"라고 했다.

주야는 동네 아이들의 부러움을 한몸에 받았다. 박하사탕, 건빵, 양갱, 둥근 초콜릿, 산도, 크림빵 같은 먹을거리들이 가게에 그득하니 얼마나 좋을까. 게다가 포또달고나도 맘대로 해 먹을 수 있다.

닭을 키우는 집의 아이가 들고 온 10개 남짓한 달걀을 받아줄 정도로 주야 부모님은 호인이시다. 심부름 온 아이가 돈을 받아들고 뛸 듯이 기뻐했고, 주야 엄마는 그것을 바구니에 담아 가게 입구에 매달았다. 달걀 한 판은 산수 교과서의 계산 문제에 등장하는 단위이다. 대개는 낱개로 사 먹었다.

주야네 점방이 동네 아이들에게 인기를 끌었던 이유 중에 무료 만화도 한몫을 차지했다. 인심 좋은 주야 부모님이 큰 상자에 만화책을 담아두고 자유롭게 보도록 해 주셨다.

상자 옆에 놓인 평상은 동네 아이들의 행복한 놀이터이자, 소통의 장場 역할을 톡톡히 했다. 어린 시절 평범했던 내가 과학 교사가 되어 풍부한 상상력을 맘껏 펼칠 수 있었던 근원이 주야네 점방 만화에서 비롯되었다고 믿는다.

푸른곰팡이를 연구하던 박사가 자신이 배양하던 병을 실수로 떨어뜨려 산산조각이 났다. 그 여파로 도시 전체가 푸른곰팡이로 뒤덮인다는 줄거리를 담은 만화는 나의 가슴을 쿵쿵 뛰게 했다. 자다가 잠에서 깨면 혹시 방이 청록색으로 변하지 않았을까 놀란 마음에 벽을 손바닥으로 훑어보았을 정도이다.

발명가인 천재 소년이 주인공으로 등장하는 만화도 감동 자체였다. 소년은 엄마가 포장마차를 하면서 근근이 살아갈 정도로 가난하다. 학교 갔다 돌아오면 엄마의 포장마차에 들러 점심을 먹는데, "항! 엄마 국수 맛있어."라고 말한다. 그 만화에는 특이하게도 '항!'이라는 감탄사가 자주 나왔다.

부단한 연구 끝에 볼펜 모양의 비행체를 만드는 데 성공한 소년이 가로수 위를 날아다니면서 다양한 모험을 즐긴다. 대다수 소녀가 순정만화에 심취할 때 나는 그쪽으로 눈길이 가지 않았다.

국자에 설탕을 담아 연탄 위에 올려놓고 나무젓가락으로 저어가며 만든 포또의 맛은 놀라웠다. 그런데 왜 포또라고 부를까? 부산의 쪽자, 충청도의 띠기는 이름 자체가 무얼 뜻하는지 연상이 되는데 포또의 출처는 잘 모르겠다.

국자에 녹인 설탕에 소다를 넣고 휘휘 저어서 부풀어 오를 즈음 철판에 붓는다. 그 위에 누름 판을 올려 납작하게 만든 다음 다양한 모양의 틀로 찍으면 완성된다. 부스러뜨리지 않고 테두리를 뜯어내는 아이들에게는 한 번 더 하는 특별한 행운이 기다리고 있었다.

문양에 따라 난이도가 다르고 핀을 입에 물고 온도를 높인 다음 핀 끝으로 살살 건드릴 때 성공확률이 높다. 하지만 도구만으로는 부족하며 고도의 집중력이 필요한 과정이다.

주야네 점방 포또로는 성에 차지 않아 집에서도 만들어 먹었다. 포또는 연탄 한 개짜리 화덕이 제격이다. 연탄 두 개가 놓인 가정용 화덕으로는 화력 조절이 쉽지 않아 국자를 태우기 일쑤다. 석유곤로(풍로) 위에서 녹이다가 국자가 뒤집히는 바람에 설탕이 심지에 뒤엉기기도 했다. 그럴 때면 풍로를 분해하여 심지를 교체하느라 아버지의 손길이 더 바빠졌다. 이렇게 자란 아이가 나중에 어른이 되었을 때 달고나 만들기의 달인 경지에 올라있었다.

주야 부모님은 가장 늦게까지 봉산동 골목길을 지키신 분이다. 어머니가 세상을 떠나시기 며칠 전, 어릴 적에 다니던 목욕탕인 원천탕으로 모시고 갔다. 그날따라 어머니는 예전에 살던 집 앞에서 오래 서성이셨다. 평소와 다른 어머니의 모습을 보고도 나는 이별이 임박했음을 짐작하지 못하였다. 주야네 점방이 여전한지 궁금하다고 하셔서 싸전으로 바뀐 가게로 모시고 갔다. 주야 엄마는 우리를 한 번에 알아보시고 반가이 맞이해 주셨다.

그 후로도 주야네 가게는 같은 자리를 지켰다. 2015년경에 주야 부모님은 가게를 접고 대명동으로 이사하셨다. 봉산동 골목길 아이들에게 행복한 추억을 선물로 주신 두 분이 오래도록 건강하게 사시기를 바라는 마음 간절하다.

첫 외박

학창 시절에 친구 집에서 자고 오는 아이들이 그렇게 부러울 수 없었다. 우리 집은 말도 꺼내지 못하는 분위기여서 야속하다는 생각에 가끔은 볼멘소리가 나왔다.

"딸을 못 믿는 건가요?"

"너는 믿지만, 세상은 그렇지 않구나."

어머니의 답변은 한결같았다.

대학교 졸업식을 앞두고 한번 외박이 허락된 적이 있다. 봄에 결혼하는 친구 집에서 자고 와도 된다고 하셨다. 결혼하면 만나기 쉽지 않다는 것이 이유였다.

오랫동안 나의 첫 외박 시기를 대학교 4학년 말로 기억하고 있었다. 어느 날 초등학교 졸업앨범을 넘기다 6학년 때 같은 반인 경호 사진에 시선이 멈추었다. 우리 집 대문을 나서면 초가집 담장이 보인다. 초가집으로 가려면 다시 좁은 골목길로 들어가야 하는데 골목 막다른 곳에 경호네 집이 있다.

"아! 맞다. 첫 외박이 경호네였어."

그날의 일들이 지워진 필름이 재생되듯 기억 속에서 재현되기 시작하였다.

경호 아버지는 시골의 초등학교 선생님으로 집에는 가끔 오셨다. 경북에서 대구로 오는 교통편이 녹록하지 않던 시절이었다. 비교적 유복한 경호네는 어머니의 입성이 무척 고왔다. 살림은 식모인 명자 언니가 도왔다. 동네에서 유일하게 국화빵 틀이 있는 집이기도 했다.

어느 국경일에 경호 가족 모두 아버지가 계신 곳으로 떠났다. 어린 식모가 홀로 집에 있으면 무서울 테니 아이들이 그 집으로 가서 자는 것으로 엄마들의 의견이 모였다.

실은 명자 언니 혼자가 아니라 딸과 함께 문간방에 세든 아줌마가 살았다. 평소에 아줌마는 동네 아이들을 그다지 살갑게 대하지 않았다. 어느 날 아이의 자지러지는 비명을 듣고 근처에서 놀던 우리가 그쪽으로 달려갔다. 아줌마가 딸에게 회초리를 사정없이 휘두르는 상황으로 짐작되었다. 순희 언니가 용감하게 나서서 방문 틈으로 상황을 파악하려는 순간, 욕설이 날아왔다.

"누고누구냐? 눈○○ 팍 쑤셔 뿐다!"

우리 어머니는 물론 동네 다른 어른들에게도 결코 들어본 적이 없는 초강력 언어였다. 그때부터 우리는 아줌마와 시선을 마주치지 않고 피해 다녔다.

나, 성희, 명주와 동생 미정이가 저녁을 먹고 각자의 엄마 손에 이끌려 경호네 집 안방으로 모였다. 곧이어 순희 언니도 도착했다. 부엌에서는 명자 언니가 저녁거리로 찬밥을 볶는 중이었다. 그다지 먹음직스러워 보이지 않는 볶음밥을 한 숟갈 뜨다가 맛이 이상했던지 문간방 아줌마를 찾아갔다.

"볶음밥에 들기름을 너도 되예넣어도 되나요?"

"들기름은 떫을 낀데, 참기름 없나?"

귀한 참기름을 명자 언니에게 맡기고 가지는 않았나 보다.

어둠이 내리자 불안감이 엄습해왔다. 집으로 가겠다는 말이 입 밖으로 나오려다 멈추기를 여러 번, 대문은커녕 안방 문을 밀고 나갈 엄두조차 나지 않았다. 이불을 깔면서 자리 배치를 두고 의견이 분분해졌다. 나이가 제일 많은 순희 언니와 그날의 주인 격인 명자 언니를 제외한 나머지 아이들은 모두 중간

자리를 원했다. 결국 순희 언니의 제안으로 가위바위보로 결정이 났다.

내 자리가 가운데로 되어 얼마나 안도했는지 모른다. 그날 우리는 깜빡 잠이 들었다 깨었다 몇 차례 반복하는 동안 무수한 말들이 오갔다. 경호 엄마가 어제 씹던 껌을 돌아오면 다시 씹으려고 거울에 붙이고 갔다는 이야기며, 마당에 있는 우물에서 귀신이 나오면 어쩌느냐 했다가, 나중에 어른이 되면 무엇이 되고 싶은지까지.

같은 방에서 첫 외박을 하였던 5명과 명자 언니 모두 자신들의 꿈을 이루었을까? 명주는 꽤 세월이 흐른 후에 만났는데, 그날의 일을 어슴푸레 기억하고 있었다. 하지만 다른 사람들의 소식은 들은 적이 없다고 했다.

다정다감하고 고왔던 순희 언니, 찬밥을 꾹꾹 눌러가며 볶아 들기름을 두르고 허둥지둥 넘기던 명자 언니! 모두 보고 싶다. 먼 훗날 다시 만난다는 거기가 아니라 개똥밭에 굴러도 좋기만 하다는 이곳에서.

명주 할매

명주 여동생이 태어나던 날, 동네 사람들이 삼삼오오 모여 대문에 걸린 금줄을 걱정스레 바라보았다. 명주에게 남동생이 있었건만 독자 집안에 아들 하나로는 어림없다는 분위기다.

명주네 식구들은 외아들 철이를 지극정성으로 보살폈다. 누이들이 양푼에 담긴 밥에 숟가락을 꽂아 함께 먹을 때, 철이 앞에는 반짝반짝 빛나는 밥그릇이 놓인 상이 차려졌다. 알약으로 된 씹어 먹는 영양제가 아들에게는 언제든지 허용되었고, 학교생활도 더욱 관심을 받았다. 학기 초 특별활동 시간에 철이가 태권도반을 지원하였다. 그러다가 다칠 수도 있다는 할매의 반대로 다른 반으로 옮겨야 했다.

초등학교에서 전교 회장이나 학급회장은 남학생의 전유물이고, 여학생은 부회장에만 입후보 자격이 주어졌다. 왜 그런지 의문이 들었지만 당연하게 받아들이는 시대적인 분위기 때문에 공론화되지는 않았다.

봉산시장 골목 입구에 오리 모양의 튜브를 밖에 진열해 놓은 가게가 있었다. 규모가 크고 장사도 잘되어 형편이 넉넉할 텐데도 주인아줌마는 입버릇처럼 말했다.

"가시나들은 아파 죽는다 케도 약 안 사다 줄 끼다."

10대 초반의 딸 둘은 학교가 파하면 바로 가게로 나와 일을 거들었다. 딸들의 도움을 받아 가게를 꾸려나가면서도 그들을 쓸모없는 존재로 여기는 모순이 어디에서부터 출발하였을까.

미도미장원 근처에 자그마한 가게가 얼마간 문을 연 적이 있다. 그 집 딸 미자는 초등학교 4학년 나이인데도 학교에 가지 않고 국화빵을 구워 팔았다.

8살 때 오전반 수업을 마치고 그네를 타고 있는데 미자가 다가오더니 내리라고 했다. 왜냐고 묻는 나에게 뒤편의 사내아이를 가리키며 개가 타고 싶어 하기 때문이란다. 나는 단호하게 고개를 가로저었다. 이제 막 타기 시작하였기 때문에 기다려 달라고 했다. 그러자 그넷줄을 움켜잡고 뒤틀었다. 그녀의 억센 손에 의해 나는 결국 바닥으로 떨어지고 말았다.

딸로 태어났다는 이유만으로 초등학교도 다니지 못하는 차별을 받으며 자랐다. 그랬으면서 자신보다 어린 여자아이가 타는 그네를 강제로 뺏어 동네 남자아이를 태우겠다고? 굳이 언니라고 호칭하고 싶지 않은 그녀가 어른이 되어 어떤 모습으로 살아가고 있을지 궁금하다.

그날의 기억 때문일까? 힘이 있다고 내가 가진 것을 부당하게 빼앗으려 하거나, 정의롭지 못한 사람들이 똘똘 뭉쳐 나를 공격하려 들 때 완강하게 저항하는 자신을 발견하곤 한다.

명주 할매의 아들 사랑은 하늘에 닿는 듯했다. 외아들인 명주 아버지의 효심 또한 누구에게 비할 바가 아니다. 체질을 바꿔야 아들을 또 낳을 수 있다는 모친의 권유에 따라, 닭 창자에 토룡을 넣어 푹 고아 만든 물을 마실 정도였으니까.

안방에는 명주 부모님과 철이가 함께 지냈고, 할매는 마루를 사이에 둔 독방에서 기거하셨다. 경대 앞에 앉아 단정하게 머리를 손질하고 곱게 화장하시던 할매의 모습이 지금도 눈에 선하다. 대문에서 가까운 방은 딸들의 거처였는데, 당시로는 드물게 피아노가 있었다. 피아노가 놓인 자리를 제외하면 작은 공간이 남아, 거기서 어떻게 함께 생활했는지 기억이 아득하다는 말을 나중에 명주에게 들었다.

ㄱ자 구조의 집이 대부분 그렇듯이 부엌 옆에 방이 하나 더 있다. 방 뒤곁으로 바람막이를 하여 간이 부엌을 만들고 세를 놓았다. 그 방에 살던 신혼부부가 이사 가자 할매는 하숙생을 데리고 오셨다. 명주 엄마는 갓난아기를 돌보며 하숙생까지 건사했다.

명주네 형제들은 외출에서 돌아오시는 할매에게 한걸음에 달려 나가 살갑게 인사하였다. 명주 할매가 철이를 각별하게 보살핀 것은 맞지만, 그렇다고 손녀들을 소홀히 대하지는 않으셨다. 유독 며느리에게만 엄하셨다.

얼굴이 고운 명주 엄마는 솜씨도 무척 좋았다. 재봉틀에 손이 몇 번 지나가면 딸들의 치마나 원피스가 뚝딱하고 나왔다. 음식솜씨도 특별하여 다른 집에서 보기 힘든 짜장밥이 상에 오르고, 밀가루 반죽을 프라이팬에 둘러 중간에 황설탕을 넣고 둘둘 말아 구우면 맛있는 간식으로 변신하였다. 할매는 평소에 맛있게 드시다가도 갈치 조림의 양념을 숟가락으로 툭툭 걷어내며 맵다고 타박을 하셨다.

봉산동 골목길을 떠나 대봉동으로 이사하고 몇 년이 지났다. 명주 할매께서 우리 집에 들러 어머니와 이런저런 이야기를 나누시다가, 세월의 무상함을 화제로 삼으셨다고 한다.

그리고 일 년 후 할매는 세상을 떠나셨다. 시어머니의 영혼을 위로하려고 명주 엄마가 무속인을 불렀다. 무녀가 할매와 똑같은 목소리로 며느리에게 미안하다고 말하면서 눈물을 펑펑 쏟더란다.

대체 아들이 무엇이관데, 나의 어머니 세대는 그토록 아들 낳기를 강요받으며 사셨을까? 시어머니도 누군가의 딸로 태어났기에 남아선호사상이 얼마나 모순되고 부질없는지 잘 아셨을 텐데 말이다.

식모 언니

"첨 보는데, 이사 왔나?"

"아이다아니다, 여여기서 산다."

아이는 자신의 이름을 희야라고 소개하며 대문을 손가락으로 가리켰다. 나보다 두 살이 더 많다는데, 덩치는 내 또래처럼 보인다.

어머니께 낯선 아이에 대해 여쭈어보았지만 잘 모르겠다고 하신다. 그래서 희야에 대한 의혹이 점점 커졌다. 11살이면 4학년이다. 그러나 학교에서는 물론 등굣길에서 만난 적도, 동네 아이들과 어울려 놀았던 기억도 나지 않는다.

순희 언니 집에 다녀오던 길에 우연히 대문을 나서는 희야를 다시 본 날은 첫 만남 이후 꽤 시간이 흐르고 나서이다.

"들어온나들어오너라. 혼자 있다."

아이는 낯선 집 입구에서 쭈뼛거리며 망설이는 나를 안으로 이끌었다. 경호 집 가는 길에 있는 이 집 사람들은 평소 동네 사람들과 거의 교류하지 않고 지냈다. 방이 아닌 부엌으로 안내한 희야와 나 사이에 잠시 어색한 침묵이 흘렀다.

"여다여기다, 여가여기가 내 방이다."

그 아이가 식모라는 사실을 처음 알게 된 순간이다.

희야는 연탄을 갈고 밥을 지으며, 설거지와 청소 그리고 빨래를 한다고 했다. 그래서인지 손등이 터져 거칠었다. 방이 아니라 부엌 바닥에서 잔다는 말에 불쌍해서 어쩌나 싶었다.

그날 들었던 말을 다른 사람에게 알리지 말아야겠다고 다짐하였다. 아이가 비밀을 지켜달라고 부탁한 적은 없지만, 왠지 그래야 할 것 같았다. 정체를 알았으니 집으로 찾아갈 수도 없다. 정해진 일을 끝내지 못하면 주인아줌마에게 매를 맞는다는 말을 들었기에 더욱 그랬다.

세 번째 만남은 길에서 우연히 이루어졌다. 반가운 마음이 앞서 먼저 다가갔다. 내가 그러지 말았어야 했다. 아니, 아예 집 밖으로 나가지 말았더라면 얼마나 좋았을까. 저마다 타고난 운명이 있다고 해도 이 일을 받아들이기에는 너무 끔찍하다.

희야는 다짜고짜 내 머리카락을 움켜잡고 흔들었다. 순식간에 벌어져 피할 길이 없었고, 하필이면 아무도 지나가지 않았다. 괴력이 들어간 아이의 손에 내 머리카락이 듬성듬성 뽑혀 나왔다. 머리에서 피가 철철 흘러내리고서야 분노로 가득 찬 손아귀에서 벗어났다.

집까지 어떻게 왔는지 모르겠다. 너무 놀라 울음도 나오지 않았다. 어머니 손에 이끌려 희야가 사는 곳으로 달려갔고, 결국 아이는 집에서 쫓겨났다.

그날의 일은 몸과 마음에 깊은 상처를 남겼다. 나는 머리숱이 적은 데다 정수리 뒤 왼쪽 부분은 유난히 휑하다. 희야가 내 머리카락을 뿌리째 뽑아내어서 그렇다고 어머니는 두고두고 안타까워하셨다. 머리숱은 유전적인 요인이 작용했겠지만 정수리 근처가 이 모양인 것은 희야 때문에 그럴까?

11살 어린이가 견디기에는 가혹한 환경이었다. 내 머리카락을 잡고 흔들던 날도 주인아줌마에게 매를 맞고 집을 나섰단다. 분노 조절이 되지 않은 상태에서 우연히 눈에 띈 내게 화풀이한 것으로 짐작된다. 이 일이 있고부터 나는 머리끄덩이를 잡고 싸우는 사람들을 보면 경악했다. 어린 시절의 악몽이 떠올라 놀란 가슴을 쓸어내린다.

동네 ○○집 식모의 상황도 희야와 별반 다르지 않았다. 잠을 방에서 자는 정도의 차이가 있을 뿐, 아동학대에 버금가는 일이 벌어지기도 했다. 싸리 빗자루로 종아리에 멍이 들도록 맞고, 어느 날은 주인아줌마가 솥뚜껑으로 내리쳐서 머리에 피가 흘러내렸다. 심지어 그 아이가 개밥을 집어먹는다는 말이 동네에 돌았다.

기막힌 소문을 들은 할머니가 모르는 척 넘어가기 어려우셨던 모양이다.

"어린 아아이를 때리는 것도 모자라 밥도 제대로 주지 않고 일을 시키면 어쩝니까? 남의 집 귀한 자식을 함부로 대하면 내 자식에게 화가 돌아가는 법이지요."

할머니의 단호한 태도에 놀란 동네 아줌마가 평소 아이의 식사량은 넉넉했으며, 개밥을 주러 가다가 건더기 한 점을 집어 먹은 것이 와전되어 오해가 생긴 것이라고 상황을 설명하였다. 그러면서 앞으로는 더 잘 보살펴주겠다고 약속하였단다.

당시 월급을 받는 식모보다는 입 하나 덜어보겠다며 남의 집으로 보낸 경우가 더 많았으리라. 주인은 '먹여주고 재워줬으니'라고 생각했겠지만, 식모로 불리며 집안일을 도맡았던 소녀들은 부당한 대우를 받아도 딱히 하소연할 데가 없었다.

옷맵시가 유난히 고왔던 영숙 언니는 주인집에서 딸처럼 대해준다고 알려졌다. 언니는 동네 아이들을 집으로 불러서 부채과자를 챙겨주기도 했다. 영숙 언니처럼 좋은 가족을 만나면 인격적인 대우를 받았다. 그러나 자녀들과 또래인데도 식모에게만 이중적인 잣대를 들이대는 사람들이 드물지 않던 시절이었다.

2000년대 초반에 자카르타에서 출발하는 비행기에 탑승한 적이 있다. 싱가포르를 거쳐 쿠웨이트로 가는 기내에는 같은 복장의 인도네시아 소녀들로 붐볐다.

내 옆 좌석에 앉은 쿠웨이트 국적의 아저씨가 그녀들은 쿠웨이트에 메이드로 일하러 가는 길이라고 했다. 엄마 곁에서 어리광을 부릴 정도로 앳된 얼굴의 소녀들이 유학길도 아닌 돈을 벌려고 떠난다니, 보고도 믿기 어려웠다.

싱가포르에서 한창 공부할 나이로 보이는 메이드를 만나던 날, 어릴 적 식모로 불리던 소녀들 얼굴이 겹치면서 마음이 착잡해졌다.

청도반점

"성희야! 어데 가는데?"

"외삼촌이 오셔가오셔서, 우동 시킬라꼬."

성희가 신나게 달려간 골목길을 따라 청도반점 배달원 오빠가 나무 가방을 들고 잰걸음으로 온다. 우동 한 그릇이 마루의 상 위에 놓이고 성희 엄마가 외삼촌과 이야기를 나누는 동안, 마당에서 놀던 성희와 나는 자꾸만 시선이 마루 쪽으로 쏠렸다. 중국집 우동에 오징어가 들어가고, 달걀을 풀어 마무리한다는 사실을 처음 알았다. 국물에서 풍겨 나오는 독특한 향내가 마당까지 전해진다.

우리 집은 봉산동 골목길을 떠나기 전까지 중국집에서 배달을 시킨 기억이 없다. 귀한 손님이 오면 우동을 주문하는 성희네와 달리 명주 할매는 입맛이 없을 때도 우동을 배달시켜 드셨다.

초등학교 1학년 때 선생님으로부터 각별한 귀여움을 받는 정미라는 아이가 청도반점 뒷골목에 살았다. 입학하고 얼마간은 오후반이 돌아올 때 동네 아이들끼리 모여서 등교하라고 했다. 우리 집 다음 순서가 정미 집인데, 청도반점에서 점심으로 짜장면을 배달시키는 날이 흔했다. 이 아이가 우쭐대며 짜장면을 먹는 모습을 자주 접하고도 어머니께 시켜 달라고 조르지 않았다. 초등학교 입학 전에 부산 삼촌과 함께 갔던 중국집의 기억 때문이다.

친척 병문안하러 대구로 오신 삼촌이 할머니를 모시고 간 곳은 경북대학교병원 부근 중국집이다. 화상華商이 운영하는 가게 2층 다락방에서 간짜장이라는 낯선 음식과 마주하였다. 양파의 매운맛과 춘장의 쓴맛이 강하여 몇 젓가락 넘기지 못하는 나를 안쓰러워하시던 할머니는 조금이라도 더 먹여보려 애쓰셨지만 소용이 없었다. 이날로부터 다시 짜장면을 마주하기까지 3년 넘게 걸렸다.

4학년이 되어 정화와 수희라는 친구와 친하게 지내며 어울려 다녔다. 하루는 경북도서관에서 숙제하고 돌아오는 길에 얘들이랑 청도반점을 찾았다. 친구들과 함께한 내 인생 첫 외식인 셈이다. 주인 할머니가 아이들끼리 손님으로 입장하는 모습을 보고 놀란 표정을 지었다.

낯설기는 나도 마찬가지다. 투박한 나무 탁자와 의자, 탕탕하고 면을 치는 강렬한 소리! 중국집 2층 다락방에서 기다리던 때와 느낌이 사뭇 달랐다. 게다가 짜장면이 이렇게 맛있는 줄 진작 알았더라면 우리 집도 배달시켜 먹자고 어머니를 졸랐을 일이다.

청도반점에서 가까운 군위반점이 언제 개업했는지 기억이 확실치 않다. 제일약국 건너편 방향에 있는 두 가게는 오랫동안 같은 자리를 지키다가 언젠가부터 다른 업소로 바뀌었다.

대구의 짬뽕은 해물보다는 돼지고기 맛이 강하다. 먹을 것이 귀하던 시절의 입맛과는 비교할 수 없다고들 하지만, 청도반점의 짬뽕 맛을 쉬이 잊을 수 없다. 어쩌면 조미료가 국물 맛을 도와주었을 수도 있겠다. 그렇다손 치더라도 걸쭉하면서 갖은 재료들과 조화를 이룬 짬뽕이 흔치 않다.

윤기 자르르 흐르는 면 위에 곱게 채 썬 오이를 올린 짜장면과 노란 단무지! 나와 같은 고등학교에서 교사로 재직했던 초등학교 동창의 단골 멘트이다. 그는 초등학교 졸업식 날 처음으로 짜장면을 맛보았다고 했다. 까만 짜장면과 노란 단무지의 색 조화가 그렇게 슬플 수가 없었다고. 맛있는 것을 먹는데 왜 울컥했냐고 물었더니 이런 답변이 되돌아왔다.

"글쎄…… 말로는 설명이 잘 안 되네."

동창은 30대에 학교를 떠났다. 대형시장에서 포목점을 운영하시는 어머니의 뜻에 따라 장남인 자신이 물려받기로 했단다. 짜장면을 언제든지 먹을 수 있게 되었으니 부자라던 그의 말이 이따금 생각난다.

미도미장원

봉산동 골목길 할머니들의 헤어스타일은 쪽 찐 머리로 한결 같았다. 중간 가르마를 타서 참빗으로 곱게 빗어 넘기고, 마지막에 비녀를 꽂아 단아한 모습을 유지하였다.

그렇다면 엄마들은 어땠을까? 보글보글 파마와 영화배우 남정임의 헤어스타일을 흉내 낸 고데 머리로 나뉘었다. 비록 늦둥이로 태어났지만 내가 초등학교에 다닐 때 어머니는 40대였다. 고데를 하고 멋도 부리면 좋았으련만 짧은 파마를 유지하셨다.

파마와 빠마의 차이점은 웨이브의 굵기라는 유머가 있다. 어머니가 굵은 웨이브를 유지했던 적이 있었을까? 대체로 뽀글 파마인 빠마였던 것 같다. 경호 엄마는 고데기로 웨이브를 살리고 긴 머리를 늘어뜨린 멋쟁이였는데 말이다.

학교에서 수업 참관이 있는 날은 동네 아줌마들이 청도반점과 군위반점 사이에 있는 미도미장원으로 모였다. 숙련된 경지에 오른 미용사만이 고데기를 자유자재로 다루었다.

일단 연탄불에 고데기를 올려놓는다. 적절하게 달구어진 고데기를 들어 올려 찬물에 담그면 치익~ 소리가 난다. 수습생들이 그것을 제대로 사용하지 못하는 바람에 머리카락을 태우는 난처한 일이 벌어지기도 했다. 물에 닿을 때 나는 칙칙 소리와 하얀 김 그리고 고데기의 금속끼리 찰칵 부딪치는 소리가 지나가면, 영화 포스터에서 본 여배우 헤어스타일을 닮은 모습이 완성되었다.

학부모 공개수업 같은 행사에서 엄마들은 고데 머리를 하고 한복을 곱게 차려입은 채 저마다의 맵시를 뽐냈다. 한복에 착용하는 필수품이 있었으니 그것은 브로치이다. 고름을 매는 한복은 결혼식 같은 행사용이고, 나들이옷에는 주로 브로치를 달았다.

어머니는 내가 4학년 어머니날에 선물했던 브로치를 무척 아끼셨다. 오징어 모양을 닮은 디자인에 작은 구슬이 총총히 박혀 움직일 때마다 다리 모양의 가는 줄들이 움직이며 찬란한 빛이 났다.

미도미장원이 번창하는 동안 동네에 야매 미장원이 등장했다. 10살 늦가을에 어머니 손에 이끌려 간 곳이 수자 엄마의 셋방 마루이다. 수자 엄마는 파마약이 얼마나 비싼지 장황하게 설명을 이어가더니 롤을 말기 시작하였다.

고약한 파마약 냄새를 견딘 결과는 만족스러웠다. 첫 파마 후 2년이 지나고도 웨이브의 흔적이 남아있는 걸 보면, 야매라고 솜씨까지 나쁘지는 않았던 모양이다.

미도미장원 미용사가 파마를 말고 있는 동안 어머니는 파마지 한 장씩을 집어 건넸다. 고급 미장원은 손님이 그렇게 하지 않아도 된다는 사실을 나중에 알았다. 내가 대학생이 되고 나서 동성로의 미용실에서 편히 머리를 하는 동안, 어머니는 여전히 파마 종이를 건네주는 동네 미장원을 이용하셨다.

내 머리는 8세부터 본격적으로 기르기 시작하였다. 9살 때 진해 벚꽃놀이에서 찍은 가족사진을 보면 두 갈래로 땋은 머리이다. 끝만 살짝 자르고 계속 길렀더니 중학교 입학을 앞두고 허리 근처까지 치렁치렁했다.

아버지는 나의 긴 머리를 손수 잘라 귀밑 3센티 단발로 만들어주셨다. 그런 다음 제일양장점으로 함께 가서 교복을 맞추었다. 잘라낸 머리카락은 미도미장원 주인의 권유에 따라 고정 부위에 빗 모양이 부착된 가발로 만들어져 되돌아왔다.

중학생이 되고 나서 가끔 어설픈 가발을 쓰고 긴 머리로 변신하며 아쉬운 마음을 달랬다. 집 밖으로 나가지는 못하고 방에서 혼자 거울을 보며 폼을 잡는 정도로 만족했다. '중·고등학생 두발 자유화' 교육부의 정책 가운데 가장 잘한 것이라 말하고 싶다.

봉산시장

대구의 10미味에 납작만두가 포함된다. 다른 지역에 사는 지인들이 그것의 정체가 궁금하다 물으면 어릴 적 봉산시장에서 팔던 납작만두 이야기를 먼저 들려주었다.

예전에 동네 사람들이 봉산시장이라고 불러서 그런 줄 알았지, 포털 사이트에서 검색해도 시장 이름은 나오지 않는다. 어릴 적 재미난 구경거리가 파노라마처럼 펼쳐진 곳이었기에 서운하다. 방천시장의 옛 모습은 사진으로 보존되어있는데, 봉산시장은 왜 기억 속에서만 존재하는 것일까.

대구의 명물 납작만두는 이름처럼 생겼다. 대개는 구운 만두에 양념장을 찍어 먹는다. 기호에 따라 떡볶이를 곁들이기도 한다. 봉산시장 납작만두는 반달 모양으로 빚어 끝부분끼리 서로 맞붙여 약간 도톰하다. 당면이 주재료이고 약간의 쪽파도 넣었다. 그것이 간장과 만날 때 맛이 완성된다. 식용유가 아닌 돼지비계를 둘러서 굽는 것도 10미味의 하나인 납작만두와 다른 점이다.

만두 파는 할매는 나중에 새시장이라 불리는 곳으로 자리를 옮겼다. 함지박에 켜켜이 쌓인 만두가 금세 동이 날 정도로 잘 팔렸다. 그 후 할매는 우리 가족이 이사 간 대봉동 집에서 가까운 곳에 가게를 차려 떡볶이로 메뉴를 바꾸었다. 양배추가 듬뿍 들어간 떡볶이에서 달짝지근한 맛이 우러났다. 가격이 저렴한 데다 한 접시만 먹어도 든든하여 예전의 납작만두를 팔 때처럼 손님들로 북적였다.

모교인 경북여자중학교 앞 문구사에서 파는 떡볶이에도 양배추를 넣었건만, 언제부터인가 이름난 가게에서조차 찾아볼 수 없게 되었다. 채소류가 빠진 떡볶이를 먹을라치면 무언가 허전하다.

봉산시장의 가게에서 파는 찐빵에는 팥소가 들어있지 않았다. 비록 앙꼬는 없어도 주인장 노부부의 손맛이 듬뿍 담겼다. 찐빵 껍질을 살짝 벗겨내어 먼저 맛보고, 폭신폭신한 나머지 부분을 한입 가득 씹는 맛이 가히 일품이었다.

설날이 다가오면 주인 할아버지는 찐빵을 잠시 접어두고 오꼬시(강정)를 만들었다. 쌀 튀밥에 물엿을 섞고 납작한 나무틀에 붓는다. 그것을 골고루 편 다음 각목을 대고 일정한 간격으로 잘라내면 완성된다. 단순하게 보이지만 숙련된 기술이 필요하다.

주로 쌀을 튀겨 만드나 깨와 콩도 재료로 썼다. 땅콩으로 만든 오꼬시가 상에 오르기도 했다. 설날이 지나도 집마다 오꼬시가 떨어지지 않을 정도로 인기를 끌었다. 실은 다른 간식거리가 귀하여 그렇기도 했다.

오꼬시 주문 시즌에 뻥튀기 아저씨의 수입도 덩달아 올라갔다. 요즘에야 기계의 힘을 빌리지만, 종일 손으로 통을 돌려 튀밥을 만들던 아저씨의 공력을 생각하면 마음이 짠해진다.

학교 앞 문방구만큼 구색을 갖추지 못하였는데도, 동네 문방구만의 매력으로 꼬마 손님들의 발길이 이어졌다. 신진문방구에 들어서면 큰 돋보기안경 너머로 인자한 미소를 머금은 할아버지가 아이들을 반가이 맞이하시며 덕담 한마디씩을 들려주셨다.

나중에 젊은 아저씨가 신진문방구 근처에 신신문구사를 개업하였다. 신신에 가면 세련된 제품들이 많았다. 대학교 3학년 때 경명여고 근처에서 교통안내 아르바이트를 한 적이 있다. 일을 마치고 파출소로 돌아오는 길에 익숙한 간판이 눈에 띄어 발걸음을 멈추었다. 마침 밖에 나와 물건을 정리하던 신신문구사 아저씨가 나를 알아보고 반가이 맞이해 주셨다. 가게를 옮기고 나서 10년 정도 지났는데도 아저씨의 얼굴은 세월이 비켜 간 듯 보였다.

구일세탁소 아저씨는 아들만 3형제를 두었다. 강습소(학원) 한 번 보내지 않았는데도 서울대학교에 척척 합격하여 동네 사람들의 부러움을 샀다. 어머니가 축하드린다고 하자, 모두 이웃들이 도와주신 덕분이라며 겸손하게 고개를 숙이셨다.

오랫동안 같은 자리를 지킨 유림약국도 추억의 공간이다. 아저씨(어릴 적에는 약사님이라고 하지 않고 아저씨라고 불렀다.)는 조제는 물론 복약 상담까지 철저했다. 흔한 증세라도 가벼이 응대하는 법이 없었고, 교복 입은 학생들에게도 존댓말을 사용하며 그들의 말에 귀 기울였다. 자신의 직업에 긍지를 갖고 환자를 진심으로 대하는 친구 요다연 약사를 볼 때마다, 어릴 적 유림약국 아저씨가 생각난다.

장티푸스 예방 접종을 하러 갔던 성수소아과, 장대에 국수를 걸어 놓고 말리던 국수 공장을 겸한 방앗간, 손님이 오시는 날 어머니의 필수 코스인 정육점, 중앙통에 있는 고급 의상실에 버금간다고 알려진 제일양장점 모두 유림약국과 나란히 향교를 바라보는 방향으로 자리 잡았다.

성수소아과 건너편으로는 단추와 머리핀을 종류별로 갖춘 잡화점, 아케이드, 신발 가게, 채소 가게, 구일세탁소, 신진문방구, 신신문구사가 이어졌다.

8살 때 아케이드 옆 신발 가게에서 생애 첫 구두를 샀다. 그날 어머니와 함께 봉산시장에 갔다가 빨간색 에나멜 구두를 신고 뒤뚱거리며 집으로 돌아왔다. 운동화에 길든 발이 굽 높은 구두에 적응하려니 시간이 제법 걸렸다.

중학교 미술 시간에 모딜리아니 작품 속 인물을 보았을 때 바로 채소 가게 아줌마가 떠올랐다. 긴 턱이 매력적인 아줌마는 채소를 정갈하게 다듬어 진열하였기에 찾아오는 사람들이 많았다. 채소류를 취급하는 곳에서 라면 상자를 열어놓고 낱개로 판매하는 동네의 유일한 가게이기도 했다.

지금은 사라진 옛 아케이드 앞을 지날 때면 초등학교 1학년 때 같은 반이던 명진이가 생각난다. 얘가 결석하던 날 하굣길에 아케이드 안 옷가게로 찾아갔다. 예쁜 옷들 사이로 손님과 이야기를 나누던 세련된 명진이 엄마가 나를 맞아주셨다.

"진아! 일어나봐. 금우가 왔다."

감기에 걸려 기진맥진하여 가게 안쪽 방에 누워있던 명진이는 엄마의 부축을 받으며 간신히 몸을 일으켰다.

아케이드 안에 옷을 파는 점포들이 꽤 많아, 어른이 되면 거기에서 예쁜 옷을 골라 입어야겠다는 상상을 하며 자랐다. 이제는 그런 옷을 척척 사 입을 수 있는데 가게들은 모두 어디로 갔을까? 아케이드의 흔적조차 찾을 길이 없다.

새시장

고등학교 동창 모임이 있어 오랜만에 대구로 향했다. 약속 장소로 이동하는 길에 대봉동 옛집 근처를 지나가는데 웬 낯선 아파트가 시야를 가린다. 자세히 보니 새시장과 주택들이 있던 자리에 아파트가 들어섰다. 이럴 줄 알았으면 새시장이 사라지기 전에 가 볼 걸 그랬다.

봉산시장보다 나중에 생겼다고 동네 사람들이 새시장이라고 부른 그곳은 봉산시장과 비슷한 듯 다르다. 좁은 골목을 들어서면 채소 파는 노점상들이 옹기종기 모여 앉았다. 13살 때 노점상 아줌마들끼리 대판 싸우는 모습을 보고 화들짝 놀랐는데, 며칠 뒤 언제 그랬냐 싶게 희희낙락하기에 안도의 한숨을 쉬었다. 분위기가 어찌나 살벌한지 큰일이 벌어지는 줄 알았기 때문이다.

좁은 골목이 아닌 큰 입구를 통과하여 왼쪽으로 돌면 머리핀 가게, 오른쪽에는 과자와 라면 등을 파는 상점이 오랫동안 같은 자리를 지켰다. 나무로 만든 문에 빙氷 자를 붙여놓은 얼음 가게는 집마다 냉장고가 보급되기 전까지 호황을 누렸다. 능숙한 솜씨로 톱질하며 얼음을 자르는 아저씨의 모습은 언제 봐도 신기하였다.

고등학교 2학년 무렵까지 얼음 가게 근처 상점에 라면을 사러 갔던 기억이 난다. 그러나 동네에 백화점 이름이 붙은 슈퍼마켓이 등장하면서 사람들이 거기로 몰렸다.

머리핀 가게 젊은 부부는 밤이 되면 짐을 한쪽으로 치우고 간신히 사람이 누울 정도의 공간이 남은 곳에서 잠을 청했다. 몇 년 후에는 가게 위쪽에 다락방을 만들어 거처를 옮겼다. 거기도 공간이 비좁고 불편하기는 매한가지였겠다.

하루는 20대 중반으로 보이는 여성이 핀 가게로 찾아와서 핀값을 돌려달라고 했다. 이유인즉 집에 가서 보니 마음에 들지 않는다는 것이다. 가는 핀 10개 값은 16세인 나에게도 부담이 되지 않을 정도로 적은 금액이었다. 같은 말을 반복하던 여성은 기어코 핀값을 환불받아 갔다.

새시장에서 가까운 세탁소(구일세탁소와 다른 곳)도 사정이 비슷했다. 세탁 기계에서 뿜어대는 열기가 고스란히 전달되는 가게 안 단칸방에 한 가족이 살았다.

지금은 80을 바라보는 나이가 되었을 핀 가게 부부가 다락방이 아닌 널찍한 집에서 노후를 보내고 있으리라는 상상을 해 본다. 단칸방에 살던 세탁소 식구들도 오래전에 새 보금자리를 찾아갔겠지.

전을 굽는 노점과 국밥 가게 앞을 지나면 건들바위 쪽으로 가는 통로가 나온다. 이 길을 수도 없이 지나다녔다. 꼬맹이 때는 건들바위로 올라가려고 통과했고, 중학교에 진학해서는 등하교를 위한 지름길로 이용했다.

호야의 누나가 동네 아이들을 이끌고 건들바위로 가던 날에는 비행기에서 뿌리는 전단이 찬란한 빛을 내며 떨어지는 장관을 보았다. 전단의 정체에 대해서는 우리 중에 정확하게 아는 이들이 없었다. 호야 앞집에 사는 서진 오빠가 그것을 보고, “강구광고다.”라고 소리 질렀는데, 설마 1970년대 초반에 비행기에서 광고지를 뿌리는 업체가 있었을까?

건들바위로 오르는 길은 자연 상태의 계단인데, 발을 세게 디디면 얇은 암석 조각들이 떨어져 나왔다. 고소공포증이 있는 내가 가파른 곳을 오르기란 쉽지 않기에 동네 아이들과 함께 갔다. 꼭대기에 서서 각자의 집을 찾는 재미가 쏠쏠했다. 그런데 어린 시절에 우리가 건들바위라 부르던 장소와 실제 건들바위는 근방이나 다른 곳이다.

하루는 미군과 우리나라 여성이 전을 굽는 노점 앞에 앉아 영어로 뭐라고 주고받았다. 배추전을 찢어 양념이 잔뜩 들어간 간장에 푹 찍은 여성이 미군의 입에 넣어주려고 하자, 남자는 고개를 가로저었다. 전 굽는 아줌마가, 이렇게 맛있는 음식을 먹으려 하지 않다니 입맛도 별스럽다며 눈을 흘겼다.

어머니에게 전 가게에서 있었던 이야기를 전하면서 먹고 싶다고 하니 바로 구워주셨다. 다른 지역에 사는 지인들에게 배추전은 낯선 음식이기에 도대체 무슨 맛으로 먹는지 궁금하단다. 글쎄, 무슨 맛일까? 배추 본연의 시원함에 얼큰한 양념장의 맛이 더해져 묘한 조화를 이룬다. 게다가 음식의 맛을 결정하는 데는 추억도 한몫을 차지하지 않을까.

포또달고나 가게 주인아줌마의 나이는 많아야 30대 초반 정도이다. 연탄 한 개짜리 화덕에서 나오는 수입을 굳이 계산해보지 않더라도 휑한 세간을 보면 어떤 형편인지 짐작이 되었다.

평소 술에 취해 사는 남편은 툭하면 물건을 내던지거나 소리를 질러댔다. 작은 그릇에 모인 동전으로 설탕을 사려는 아줌마와 소주를 원하는 아저씨가 실랑이하는 모습이 어린 우리에게도 딱하게 보였다. 지금도 포또 가게 아줌마의 슬픈 눈망울이 잊히지 않는다.

할머니의 임종을 앞두고 어머니는 황급히 새시장으로 발걸음을 옮기셨다. 대봉성당 성가대원이라는 아줌마의 한복 가게에서 상복을 주문하기 위해서이다. 아줌마가 밤을 새우며 만든 상복을 찾으러 어머니와 함께 가던 날, 다닥다닥 붙은 점포들 사이에 살림방을 겸한 아줌마의 가게가 희미하게 보였다.

공기가 잘 통하지 않는 구조에서 풍기는 특이한 냄새의 통로를 지나, 어두침침한 가게 문을 열고 들어설 때의 기분이 할머니와 이별하려는 슬픔과 겹쳐 착잡했다.

나중에 입고 가실 옷을 미리 만들어 두라고 당부하셨던 할머니는 완성되자 서랍장에 고이 간직해두셨다. 어머니의 섬세한 바느질 솜씨에 지극정성이 더해진 연보라 수의를 보면 애잔함보다는 빛깔이 참 곱다는 생각이 앞섰다.

나의 할머니와 어머니, 한복 가게 아줌마 모두 이 세상 소풍 끝내고 다른 곳으로 가셨다. 시장 입구 모퉁이에서 오랜 기간 달걀을 팔며 남편 병시중을 들던 경산댁 할매도 가장이라는 짐을 지지 않아도 되는 곳으로 떠나셨다.

방천시장에 가면 몇 년도에 누가 무슨 가게를 하였다는 기록들이 일부 남아있다. 빛바랜 사진 속 인물들이 불과 한 세대 전 나의 부모님과 같은 시대를 살던 분들이다.

봉산시장과 새시장이 흔적도 없이 사라져 아쉬움이 밀려온다. 그 시절의 모습을 담은 사진 몇 점이라도 모아서 추억할 만한 공간을 만들면 얼마나 좋을까. 그것이 여의치 않다면 온라인상에서라도.

이별

동네 친구 성희는 다섯 형제 중 넷째로 수줍음 많고 착한 아이이다. 이 친구와 어린 시절을 보내면서 존중받는다는 느낌이 어떤 것인지 제대로 배웠다.

하루는 성희 집 대문 앞에서 이름을 불렀건만, 성희 엄마께서 문을 열어주신다.

"우리 성희 지금 바빠서 몬못 논다."

누가 시키지도 않았는데 8살 성희가 첫 설거지를 한 날이다. 게다가 깔끔하게 마무리 지었다. 기특하다고 엄마가 주신 용돈 1원을 받고 기뻐하던 성희의 표정이 지금도 기억에 생생하다.

어느 날은 고운 성희 얼굴에 혹뿔혹이 났다. 마당 수돗가에서 빨랫돌에 걸려 넘어졌단다. 순한 아이가 서럽게 우는 모습을 보고 있으려니 옆에 있는 우리도 덩달아 마음이 아팠다. 달래도 울음을 그치지 않자 성희 엄마가 사과 한 개를 손에 쥐여 주셨다. 먹으면서 울고, 울다 또 먹고…….

어린아이들과도 딱지 치며 스스럼없이 어울려 노는 성희 작은오빠와 달리 큰오빠는 조용한 성격으로 동네에 모습을 잘 드러내지 않았다. 큰오빠가 더운 날 마당에 펴놓은 평상 위에서 잔다는 말을 들은 것 외에 특별한 기억은 없다.

내성적인 성희는 나와 친한데도 좀처럼 가족 이야기를 화제에 올리지 않았다. 성희 큰오빠가 재수하고도 대학교 진학에 실패하자 스스로 목숨을 끊었다는 말이 동네 사람들 사이에 조심스럽게 돌았다. 하지만 성희네 식구 누구도 그 일을 내색하는 이가 없었다.

동네 사람들이 '큰대문집'이라고 부르던 양옥집이 지금도 같은 자리에 있다. 대문 앞에 간이지붕을 설치하고, 지붕 아래 바닥은 길보다 높은 널찍한 공간을 만들어 놓았다. 햇볕이 따갑거나 비 내리는 날이면 동네 아이들이 거기로 모였다. 아이들이 큰소리로 노는 날이 많았건만 나무라지 않을 정도로 큰대문집 식구들은 도량이 넓었다.

큰대문집 아저씨는 짙은 눈썹의 미남형 얼굴에 양복이 잘 어울리는 멋쟁이다. 공장 사장님인 아저씨가 매우 편찮으시다고 했다. 큰대문집 앞에 전봇대가 있어 평소 술래잡기 같은 놀이에 안성맞춤이다. 그 자리에 아저씨의 영정이 놓이게 될 줄 누구도 짐작하지 못하였다.

상복을 입은 큰대문집 언니 오빠들이 울음을 토해내는 동안 할머니는 아들을 떠나보내며 망연자실했다. 영정 사진 속의 아저씨 모습마저 슬퍼 보였다.

아들과의 이별을 애통해하던 큰대문집 할머니가 한동안 두문불출하셨다. 전에는 동네 아이들이 노는 모습을 집 앞에 앉아 지켜보시던 분이다. 우리가 "할무이예."라고 부르면, "그래 놀거라." 하며 고개를 끄덕이셨다. 한참 후에 일어설 때 다른 할머니들처럼 아이고 소리를 내지 않고 금세 자세를 바꿀 정도로 정정하셨다.

오랜만에 동네에 모습을 보이신 큰대문집 할머니는 예전 같지 않았다. 총기 넘치던 표정은 멍해지셨고, 쪼그리고 앉은 자세를 오래 유지하지 못하고 휘청거렸다. 몇 년이 흐른 후 할머니도 아들 뒤를 따라가셨다.

얼마 후 성희 집에 사시던 외할머니마저 떠나셨다. 중풍으로 오래 고생하시던 주야네 점방 옆집 할머니도 뒤를 이었다. 장례식장에서 의식을 거행하는 요즘과 달리 예전에는 동네에서 노제를 지냈고 이웃들이 함께 이별을 애통해하였다.

봉산동 골목길 옛 전봇대 앞을 지날 때면, 영정 사진 속 주인들의 모습이 파노라마처럼 스쳐 간다. 동네 어르신들의 이별 현장에 있던 소녀가 어느덧 지천명의 끝자락에 이르렀으니, 세월이 마치 유수와 같다는 말을 실감한다.

재일교포 할아버지

"윤영이 예쁘기만 하던데 머 땜에 그라노?"

윤영이와 놀려고 하지 않는 이유를 물어보면 동네 아이들은 입술을 삐죽거렸다. 잘난 척해서 싫단다. 우리와 좀 떨어진 곳에 사는 것도 친구가 없는 요인이 되었겠다. 나와 명주, 성희 그리고 순희 언니는 수시로 서로의 집을 드나들며 놀았으니까.

동네에 털실로 짠 모자가 있는 아이들이 손에 꼽을 정도였는데, 윤영이는 그런 모자를 번갈아 가며 쓰고 다녔다. 그것도 모자를 벗으면서 "왜 이리 더울까?" 하며 얄밉게 굴었다. 우리는 추위에 귀가 빨갛게 얼었는데 말이다.

하루는 우리가 노는 골목으로 와서 자기 집으로 가자고 했다. 모두 외면하자 할아버지가 보내주신 일제 초콜릿을 주겠단다. 서로 눈치를 보던 아이들이 슬며시 윤영이를 따라나섰다.

마루를 사이에 둔 안방과 건넛방, 그리고 부엌에 방이 하나 더 붙어있는 마당 작은 집이다. 엄마가 아닌 이모와 사는 줄 처음 알았다. 마루에 놓인 소반에 먹다 남은 조기구이가 있다. 조기는 명절 음식으로 제사상에 올리는 귀한 생선인데, 평소에 이런 걸 먹는 걸 보면 부자인가 싶기도 하다. 그새를 참지 못하고 조기 반찬 자랑을 했다.

자기 방이라고 데려간 건넛방에 침대가 놓였다. 병원이 아닌 가정집에 있는 침대는 처음 본다. 하지만 겨울인데도 방이 냉골이다. 춥지 않은지 물었더니 잘 때는 침대에 전기장판을 켠단다.

윤영이는 보물처럼 곱게 간직해 둔 물건들을 꺼내며 자랑을 늘어놓았다. 필기구, 크레파스, 필통 같은 학용품에 온통 일본 글자가 선명하다. 일본에 사는 할아버지께서 보내주신 선물이란다. 마지막으로 가장 깊숙한 곳에 보관했던 초콜릿을 보여주었다. 하지만 누구에게도 나누어 주지는 않았다.

이 일로 동네 아이들은 윤영이를 더욱 외면하게 되었다. 주지도 않을 거면서 왜 사람 오라 가라 하냐면서 단단히 삐쳤다. 이번이 처음이 아니라는 걸 보면 전에도 방에 초대받은 아이들이 있었던 모양이다.

당시는 이혼한 가정이 흔치 않았다. 그렇다면 윤영이 아버지는 어디에 계시지? 그러고 보니 자신의 어머니 이야기도 한 적이 없다. 대화의 대부분은 재일교포 할아버지 차지였다. 그 속에 어머니는 왜 등장하지 않았을까?

조기 반찬이 상에 놓이긴 했어도 정갈하다는 느낌은 들지 않았다. 이모가 서둘러 음식을 만들고 일하러 나가신 듯싶다. 홀로 남겨진 시간에 동네 아이들과 어울리고 싶었겠지. 자기 집 앞 골목은 사람 하나 다닐 정도로 좁았고 함께 놀아줄 또래들도 없었다.

뽀얀 얼굴에 서울말을 쓰고 우리 사이에서 유난히 튀었던 아이! 나보다 한 살 더 많은 윤영이가 어른이 되어서는 자신의 가정을 이루어 외롭지 않게 살고 있겠지. 혹시 재일교포 할아버지를 따라 일본으로 갔을까?

셋방 언니

"윤호 엄마 참 좋은 사람이었어."

어머니는 신천동에 세 들어 살 때 따뜻한 정을 나누던 이웃들을 이따금 그리워하셨고, 종종 그 시절 이야기를 들려주셨다. 내가 태어난 곳은 대구의 신천동이고, 같은 집에서 윤호네와 우리 가족이 셋방살이했던 모양이다.

집에 관한 내 기억의 출발점은 아버지께서 대구로 오셔서 처음 장만하신 봉산동 집이다. 마당을 사이에 두고 앞집인 호야네와는 판자로 경계를 삼았다. 마음만 먹으면 어린 나도 판자를 비집고 앞집으로 들어갈 수 있을 정도로 허술하였다. 그러나 판자 위로 떡이나 음식 접시가 오갈 뿐 사람은 드나들지 않았다.

어느 날 쿵 하는 소리와 함께 호야네 집 마루에 셋방 언니가 쓰러졌다. 판자 담장 너머로 본 언니의 모습은 낯설고 무서웠다. 눈동자는 보이지 않고 하얀 바탕이 드러났는데, 손발을 부들부들 떨고 있었다. 왕진 가방을 든 의사 선생님이 다녀가고 나서야 예전의 모습으로 회복되었다.

문간방에 혼자 살던 언니가 다른 동네로 떠나고 6살 딸과 갓난아기를 둔 부부가 이사 왔다. 그때는 판자를 철거하고 벽돌로 담을 쌓아 앞집이 들여다보이지는 않았다. 얼마 후 아기 엄마는 돌잔치 상을 차려 주인집 가족과 우리 어머니를 초대하였다. 잔치 분위기가 무르익을 무렵 아기가 보채기 시작하여 결국 기저귀를 갈았다. 그 모습을 본 나의 식욕은 한없이 달아나 버렸다. 집으로 돌아와서 절대로 동생을 낳지 말라며 신신당부하더라고 어머니는 두고두고 말씀하셨다.

아기의 누나와는 서로의 집을 오가며 놀았다. 나보다 어린데도 서울말을 사용해서 그런지 발음이 또렷하고 의사 표현도 분명했다. 내가 8살이던 봄날에 세간을 한가득 실은 차와 함께 그 집 식구들은 고향인 서울로 떠났다.

봉산동 집 문간방도 다른 집처럼 세를 놓았다. 그 방에 영화배우 남정임을 닮은 언니가 이사 왔다. 예쁘고 상냥한 언니가 한집에 산다는 사실만으로도 설레고 기뻤다.

하루는 언니가 방으로 부르더니 점심상을 차려주었다. 나는 반짝이는 그릇에 온통 시선을 빼앗겼다. 우리 집 식기는 스테인리스이거나 투박한 사기가 주를 이루는데 언니는 도자기 그릇 세트를 썼다. 밥과 국그릇은 물론 반찬 그릇도 전부 뚜껑이 덮였다. 하얀 도자기에 담긴 까만 콩자반을 지금도 기억한다. 달콤하고 넉넉한 콩자반 국물까지 밥에 얹어 다른 반찬과 함께 맛있게 먹었다.

어느 날 언니가 나를 데리고 교동시장에 있는 국제극장으로 갔다. 영화 제목은 잊어버렸지만 돌아오는 길에 비가 부슬부슬 내렸고, 꼭 잡은 손에서 언니의 따뜻한 체온이 전해졌다. 어머니의 성품으로 보아 다른 사람에게 폐 끼치도록 내버려 두지 않았을 터인데 언니에게만은 예외였나 보다.

그렇게 다정했던 언니가 어느 날 보이지 않았다. 할머니의 말씀을 빌리자면 이른 새벽에 방과 부엌문을 잠그더란다. 어디 가느냐고 묻는 할머니에게 먼 곳이어서 빨리 돌아오지 못할 것 같다고 했다. 대학교에서 늦게 귀가한 큰오빠가 갓방에 왜 자물쇠가 잠겼는지 물었다. 그리고 무언가 좀 이상하다는 결론을 내렸다.

집에 경찰이 출동하고 언니의 오빠 부부가 달려왔다. 올케는 '주인아주머니 죄송합니다.'로 시작하는 편지를 읽다가 오열하였고, 오빠는 일주일 전에 들여온 재봉틀을 마당으로 내동댕이쳤다.

언니의 사연은 이러하였다. 조실부모한 언니에게 우연히 아버지뻘 되는 다정한 남자가 다가왔다. 고위직 공무원인 남자는 언니를 위해 방을 얻어주고 세간을 사들이어 살림을 차려주었다. 그러다가 남자의 아내 되는 이가 눈치를 챘고 언니를 찾아왔다. 직접 만나보니 심성이 맑은 어린 여성임을 알고 차근차근 설득하였다.

"이렇게 젊고 아름다운 아가씨가 좋은 남자 만나서 결혼해야 하지 않을까요?"

두 사람의 만남이 있고 나서 언니가 약을 찾는 날이 많아졌다. 화장대 위에 놓인 약병이 무엇이냐고 물으면 머리 아픈 데 먹는 약이라고 했다. 마음씨 고운 언니는 잠을 이루지 못하고 신경 안정제를 복용하였다. 약의 부작용 때문인지 떠나기 며칠 전에 심하게 토했다.

새벽에 방문을 잠그던 날, 할머니에게 그동안 따뜻하게 보살펴주셔서 감사하다고 말했다. 그때 언니가 어떤 결심을 했는지 알아차리지 못하였던 할머니는 평생 미안한 마음을 지니고 사셨다. 언니를 좀 더 일찍 찾았더라면 깊이 잠들기 전에 깨어나게 할 수 있었겠다고 믿었던 부모님도 오랫동안 애통해하셨다.

언니가 살던 방은 둘째 오빠의 공부방이 되었다. 오빠가 서울대학교에 합격하여 공대 기숙사로 간 후에는 할머니와 그 방에서 잠도 잤지만 무섭다는 생각이 들지 않았다. 겁이 많은 내가 그럴 수 있었던 까닭은 두려워하지 않도록 언니가 도와주었기 때문이라고 믿는다.

꽃다운 나이에 하늘의 별이 된 언니는 그곳에서 자신의 부모님을 만나 사랑 듬뿍 받으며 살고 있으리라.

골드스타 라디오 도둑

이삿짐을 정리하던 중에 뜻밖의 물건이 나왔다. 30년 전에 장만한 카세트 라디오를 찾은 것이다. 소형 가전은 5개를 모아야 수거해간단다. 손잡이가 부러진 진공청소기, 국내 최초 모델인 전자레인지와 함께 라디오도 떠나보내기로 했다.

비록 오래 사용하였지만 멀쩡하게 작동되는 가전제품들을 폐기하려니 망설여진다. 어릴 적 봉산동 골목길에서 라디오를 지키려고 온 힘을 다해 달리던 동네 아줌마 생각이 났기 때문이다.

"도둑이야~ 도두욱~ 저놈 잡아라아~."

아줌마가 절규하며 온 힘을 다해 청년 뒤를 쫓아갔다. 골드스타 마크가 선명하게 박힌 큼직한 라디오를 옆구리에 낀 청년의 달음박질 실력도 만만치 않았다. 슬리퍼가 벗겨진 아줌마는 맨발로 질주하였지만, 도둑을 놓치고 말았다.

젊은 놈이 할 일이 없어 도둑질이냐고 동네 사람들이 한목소리로 분개하였다. 재산목록 1호인 라디오를 눈앞에서 잃은 아줌마는 망연자실하여 바닥에 털썩 주저앉았다.

10살 무렵까지 저녁 먹을 시간이면 어김없이 초대받지 않은 손님들이 찾아왔다.

"밥 좀 주이소."

어린 사내아이들이 무리를 지어 다니며 애절한 음성으로 밥을 구걸하였다. 대문을 굳게 걸어 잠그고 일절 대응하지 않는 집은 인심이 고약하다고 이웃들에게 비난받았다.

그들은 깡통을 차고 다녔다. 덕용라면 포장지를 들고 와서 밥을 담아 가기도 했다. 「한끼줍쇼」라는 TV 프로그램에서 강호동 씨가 자주 하던 멘트가 있다.

"찬밥에 물을 말아 먹어도 좋고, 반찬은 김치만 있으면 됩니데이."

깡통을 든 아이들도 찬밥과 김치만 주셔도 감사하다고 말했다. 밥을 주는 집이라 하여 음식이 남아돌 정도로 넉넉하지는 않았다. 십시일반으로 조금씩 덜어주었을 뿐이다.

평소 할머니는 손님이 오실지도 모르니 저녁 먹을 즈음 문을 잠그지 말라고 하셨다. 할머니께서 말씀하신 손님이 걸인임을 어린 나도 짐작이 갔다.

세찬 바람이 쌩쌩 부는 겨울날, 누더기 차림의 할아버지가 우리 집을 찾아왔다. 구걸하는 소년들이 특정한 집으로 몰아서 가지 않을 정도로 나름 예의를 지키던 때였다. 아이가 아닌 어른 걸인이 집을 찾아오는 경우가 흔치는 않았다. 해어진 옷을 겹겹이 입은 할아버지 몸에서는 고약한 냄새가 진동하였다. 비틀거리며 두 손을 모은 채 제발 밥을 달라고 애원하였다.

어머니가 밥이며 된장찌개 그리고 몇 가지 반찬을 소반에 담아 내어오셨다. 할머니는 남자 손님을 마주 보지 않고 고개를 비스듬히 돌려서 말씀하셨다. 아마도 내외하느라 그러셨을 것이다.

"손님! 여기로 올라와서 드시지요."

할아버지는 안으로 들어오지 않고 마루 아래 댓돌에 앉아 흡입하듯 음식을 넘겼다. 밥상 위에 아무것도 남아있지 않을 즈음 숭늉 한 사발을 마저 비웠다. 그러고는 연방 절을 하며 고맙다고 했다.

할머니께서 건네주신 아버지 겨울 점퍼를 들고 대문을 나서는 걸인 할아버지의 모습이 어쩌면 그토록 처연할까? 이런 기억 때문인지 오래전부터 음식을 낭비하지 않는 것이 습관이 되었다. 쟤 또 시작이라는 친구들의 핀잔에도 꿋꿋이 말한다.

“우리나라가 언제부터 이렇게 살았다고. 급식소에서 버려지는 잔반이 얼마만큼인지 아니? 먹을 것이 지천에 널려 음식 귀한 줄 모르고, 무료 급식이니 돈 귀한 줄도 몰라. 급식을 건너뛰고 매점으로 달려가는 아이들은 어떻고. 바깥 식당의 반찬도 확 줄여야 해. 그래야 잔반이 남지 않지.”

밥을 구걸하는 사람들이 집을 찾아오던 시절을 잊지 말자는 말이다.

11살 무렵부터 집마다 밥을 얻으러 다니는 아이들이 눈에 띄게 줄었다. 깡통 대신에 망태를 메고 폐지 같은 것을 줍는 넝마주이라 불리는 아이들이 흔해졌다. 봉산문화거리에 그들이 공동 생활하던 집이 주인이 바뀌어 지금도 같은 자리에 있다.

넝마주이 소년들이 언제까지 다녔는지 정확히는 기억나지 않는다. 마지막으로 생각나는 일은 중학교 1학년 무용 시간이다. 지난 시간에 배운 동작을 복습하던 중 현미라는 친구가 익살스러운 동작을 했다. 그 모습을 보고 모두 까르르 소리 내어 웃었다.

그때 갑자기 욕설과 함께 지하 1층 무용실 열린 창문으로 흙이 날아들었다. 지나가던 소년이 우리의 웃음소리를 듣고 오해했나 보다. 흥분을 가라앉히지 못한 채 계속 흙과 자갈을 뿌렸다. 한참을 그러다가 제풀에 꺾여 떠나는 아이의 어깨에는 넝마를 담은 망태가 걸려있었다.

망태를 멘 소년들이 다니던 길에는 언제부터인가 할머니들이 폐지를 실은 손수레를 힘겹게 끌며 고단한 삶을 이어가고 있다.

무궁화꽃이 피었습니다

"고무줄놀이 좋아하니?"

탄성력이 주제인 수업의 도입부에서 했던 질문이다. 초등학교에 다닐 때 체육 시간에 해봤다는 건조한 답변이 돌아왔다. 내가 재직하는 학교는 아파트보다는 주택에 사는 학생들이 더 많다. 나의 어린 시절처럼 골목이 있는 곳에서 자랐는데 동네에서 친구들과 어울려 놀던 기억이 없다고 하니 안타까울 따름이다.

'금강산 찾아가자 일만이천 봉' 딱히 누구에게 배운 적이 없어도 노랫소리에 따라 몸이 자동으로 움직였다. 음악책에 나오는 곡은 가사를 정확하게 불렀으나 구전되는 노래는 사정이 달랐다.

'무찌르자 오랑캐 몇 해 만이냐. 대한 넘어가는 데 저기로구나적이로구나. 나아가자 나아가 성질래 길러승리의 길로, 나가자 나아가 성질래 길러승리의 길로.'

고무줄놀이에 동반되는 노래는 신나는 곡조가 주를 이루었다. 드물게 슬픈 곡도 있었으니, '엄마 엄마 우리 엄마 어디 계시나요. 일 년 동안 나를 버리고 어디 계시나요.'이다. 처음에는 동작이 느리게 가다가 '내 마음은 서러워요. 넓은 벌판에 엄마 엄마 부르면서 울었답니다.'에 이르러 발걸음이 빨라졌다.

고무줄놀이는 보통 두 팀을 이룬다. 두 명도 가능했으니 전봇대나 나무에 고무줄을 걸고 한 명이 줄을 잡는 경우이다. 동네에서 놀 때는 사내아이들이 고무줄을 끊어가는 일이 드물었다. 문제는 학교 운동장이다. 순식간에 나타나서 고무줄을 끊고 달아나거나, 아예 고무줄을 통째로 들고 뛰는 전법을 썼기에 당해낼 재간이 없었다.

그런데도 끝까지 쫓아가서 응징하는 용감무쌍한 친구들이 있어 든든했다. 이 아이들은 운동회에서 학급대표 달리기 선수로 뽑힐 정도로 빨랐다. 동작만 잽싼 것이 아니라 억센 말을 동반했다.

"이 자슥아야~ 잡히면 확 ○○뿐다."

남자아이들이 끊어간 고무줄을 되가져와서 연결하다 보니

고무줄 군데군데에 매듭이 주렁주렁 달렸다.

2004년부터 2007년까지 방학 기간에 동티모르로 가서 학습 봉사를 한 적이 있다. 산골 마을에 도착했을 때 여기저기에서 고무줄놀이하는 소녀들을 만났다. 노래에 맞춘 일정한 동작이 나의 어린 시절의 그것과 흡사하였다. 두 나라가 고무줄놀이를 공유한 적이 없을 텐데 비슷한 규칙을 적용하다니 신기할 따름이다.

고무줄놀이의 묘미는 단계라고 할 수 있다. 일정 동작을 완수하면 다음 단계로 올라가면서 고무줄을 점점 높인다. 고무줄을 잡은 두 명이 만세 동작으로 두 손을 머리 위로 올릴 때 최고 수준에 이른다.

예전의 우리는 높은 줄을 넘을 때 물구나무서듯이 손바닥을 바닥에 짚었다. 놀랍게도 동티모르 소녀들은 높이뛰기 선수처럼 고무줄을 뛰어넘는다. 외국인인 나는 이동하는 마을마다 아이들의 손에 이끌려 고무줄놀이에 동참하곤 했다.

병뚜껑을 그릇 삼아 노는 아이들 틈에서 갖가지 빵깨이소꿉놀이 도구들을 품은 분홍색 가방이 눈에 띄었다. 빗살 모양의 가방 틈으로 세련된 모형 주방기기들이 뽐내듯 모습을 드러내었고, 주인들은 손잡이를 크게 흔들며 다녔다.

동네에 빵깨이 가방이 있는 아이는 명주와 윤영이 정도였다. 뒤늦게 샀던 성희는 곧 동생에게 물려주었다. 대다수 아이는 풀잎을 따서 돌로 찧은 것을 병뚜껑에 담아 상을 차렸다. 때로는 모래가 밥으로 변신하였다. 또래 소녀들과 달리 나는 소꿉놀이에 별로 끌리지 않았다. 그래서 요리며 살림에 소질이 없나 보다. 혹시 그 방면에 흥미를 느끼지 못하는 성향을 타고났는지 궁금하다.

구슬치기와 더불어 딱지치기도 사내아이들이 주를 이루었다. 소녀들은 두꺼운 종이에 붙어있는 동그란 딱지를 떼어내어 따먹기에 몰두하였다. 나는 종이로 딱지를 접어서 겨루는 놀이를 좋아하였다. 상대방의 딱지를 쳐서 뒤집으면 내 것이 된다. 바닥에 놓인 딱지의 어느 부분을 얼마만 한 힘으로 쳐야 하는지는 경험이 말해준다.

딱지를 접을 만한 종이가 눈에 띄면 쏜살같이 큰오빠에게 달려가서 만들어달라고 졸랐다. 딱지뿐만 아니라 팽이와 썰매도 요청 품목에 포함되었다. 큰오빠의 손재주는 놀라웠다. 7살 때 아버지의 자전거를 분해하더라는 전설 같은 이야기를 어머니는 자주 화제에 올리셨다.

만들기는 기본이고 고장 난 전기기기, 멈춰버린 시계, 심지어 돌려도 꼼짝하지 않던 어머니의 립스틱까지 무엇이든 척척 고쳤다. 그래서 아픈 사람을 낫게 하는 의사가 되었을까?

13살 즈음 잡지 소년중앙에 실린 광고 한 줄이 우리를 불안하게 만들었다. 땅바닥에서 돌로 공기놀이를 하면 파상풍에 걸릴 수도 있단다. 지금까지 공기놀이는 물론이고 모래와 흙을 아무렇지도 않게 주무르며 놀았는데 무슨 병에 걸렸다는 말은 들어보지 못하였다.

잡지에서 광고하는 플라스틱 제품이 손에 익지 않고 오히려 불편했다. 길에서 주운 돌은 크기며 모양이 불규칙하지만, 무게감이 있어 손에 착착 감기는 묘미가 있다. 그래도 파상풍이라는 단어가 은근히 신경 쓰여 돌을 깨끗이 씻은 다음 실내에서 놀았다.

손등 위에 공깃돌 5개를 모두 올려놓고 손을 확 뺀 다음 한번에 잡아야 한다. 두 번에 걸쳐 잡으면 '콩' 하고 외쳐야 안심이다. 그 말을 놓치는 순간 상대방이 내 손등을 쳐서 공깃돌을 공중분해시켜도 되는 규칙이 있기 때문이다.

두 팀이 긴 줄을 이루어 마주 보고, 발걸음을 맞추어 노래 부르며 전진과 후진을 반복하는 놀이도 인기가 높았다. '이겨서 재미난다 무궁화, 져서 슬프다 장미화. 우리 집에 왜 왔니 왜 왔니 왜 왔니. 명주 꽃을 찾으러 왔도다 왔도다.' 노래 끝에 팀의 대표끼리 가위바위보를 한다. 우리 팀이 이기면 반대편에 있던 명주가 우리 쪽으로 넘어온다. 마지막으로 긴 줄이 남는 쪽이 이긴 팀이 된다.

바닥에 10개의 네모난 칸을 그려놓고 깨금발로 납작한 돌을 발로 차면서 숫자 순서대로 가는 오케바닥돌차기, 집 안에서도 즐기는 전천후 놀이인 숨바꼭질, 나중에 콩주머니 놀이로 이름이 바뀐 피구를 닮은 오자미라는 놀이……. 놀이의 소재는 무궁무진했다.

큰대문집 앞 전봇대에 하루가 멀다고 동네 아이들이 모였다. '무궁화꽃이 피었습니다.'와 동시에 술래가 우리 쪽으로 고개를 획 돌리면 그대로 멈추어야 한다. 움직이면 술래가 바뀌기 때문이다.

한 걸음씩 전봇대로 다가가고 놀이가 절정에 이를 즈음, 이 집 저집 대문이 열리고 아이들을 찾는 소리가 들린다.

"저녁 무로먹으러 온나오너라."

아쉬운 마음에

"쪼매만 더 놀다 가께."

라고 외칠라치면 엄마들의 최후통첩이 날아들었다.

"밥상 치울라 칸다. 퍼뜩 온나."

"금우야! 저녁 먹어야지."

나를 부르시던 어머니의 음성을 한 번만이라도 다시 들을 수 있다면…….

성락교회 성탄절

빵을 양쪽으로 슬며시 젖히는 순간 흰색의 크림이 환상적인 자태를 드러낸다. 한쪽에 듬뿍 묻은 크림을 혀로 살짝 건드려 맛을 보고는, 빵을 합체하여 바깥에서부터 조금씩 깨물어 먹었다. 날마다 크림빵을 먹을 수 있으면 얼마나 좋을까마는 이렇게 귀한 빵을 접할 수 있는 날이 흔치 않았다.

크림빵을 틀림없이 먹을 수 있는 날이 있으니, 바로 성락교회 성탄절 어린이 예배이다. 12월 24일에 등록하면 속 보이는 것 같아 대부분 미리 다녔다. 25일 낮에는 사탕과 네모난 산도가 들어있는 과자 주머니를 선물로 받았다.

나는 신앙심이 깊어서라기보다 친구 따라 교회학교에 나갔다. 교회에 가면 신나는 놀이를 할 수 있는 데다 맛있는 간식을 선물로 받으니 마다할 이유가 없었다. 교회학교 선생님들은 또 어찌나 친절하신지 늘 활짝 웃으며 어린이들을 반겨주셨다. 때때로 구연동화 전문가가 초빙되어 동화를 실감 나게 들려주었다. 나는 이래저래 교회에 가는 날을 손꼽아 기다렸다.

불교 신자인 명주 할머니는 손자, 손녀들의 교회 출입을 허용하지 않으셨다. 명주 집은 부유하여 간식거리가 풍부하였지만, 우리가 교회에서 받아 오는 과자를 부러운 눈으로 바라보았다.

집에서 가까운 성락교회, 지금의 봉산문화거리에 있는 봉산교회, 이름은 잊어버렸지만, 대구백화점 가기 전 또 다른 교회 이렇게 세 교회에 출석한 적이 있다. 그중에서 성락교회를 가장 오래 다녔다.

우리 동네 뒷골목에 진희라는 친구가 살았다. 아버지가 도매상에서 꽃을 떼다가 큰 양철통에 담아 봉산시장 노점에 가져다 놓으면 자매들이 교대로 꽃을 팔았다.

진희 큰언니가 주전자에 누룽지를 끓여서 김치를 곁들여 먹던 모습이 지금도 생각난다. 그 집에서 우연히 보았던 이승복 어린이 만화 때문에 오래도록 악몽에 시달렸다. 끔찍한 장면들이 여과 없이 그려졌기 때문이다.

진희와 언니들이 반공 소년 이승복의 노래를 선창하면, 함께 놀러 간 친구들은 '구름도 망설이는 운두령 고개 새 무덤 오솔길을 산새가 운다.'라며 구슬프게 다음 소절을 이어갔다.

9살 되던 해 12월 24일 밤, 동네 아이들 대부분이 성락교회로 갔다. 예배와 함께 감동적인 연극 공연이 우리를 기다리고 있었다. 교회 문을 나서면서 고대하던 크림빵을 받았다. 다음 날 아침에도 우리는 부지런히 교회로 발걸음을 옮겼다.

성탄 전야에 모습을 보이지 않던 진희 큰언니가 아침 예배에 나타났다. 모두 무슨 일일까 놀라서 쳐다보는데, 언니는 과자가 든 봉지를 받지 않겠다며 버텼다. 선생님이 몇 번을 권하여도 같은 말을 반복하였다.

"과자 받을라꼬 교회에 온 게 아니라예."

6학년인 언니가 스스로 생각해봐도 얼마나 쑥스러웠을까 짐작이 간다. 결국은 과자를 받아 우리와 함께 교회 문을 나섰다.

"어릴 적에 성락교회에 다녔고 거기서 맛있는 것 많이 먹어 놓고서는 천주교 신자가 되다니. 먹튀 아니냐?"

친구들이 짓궂게 놀린다. 그렇게 생각할 수도 있겠네. 하지만 어린 시절 아름다운 추억을 듬뿍 안겨준 성락교회에 대한 고마움은 지금껏 잊지 않고 살아왔으니 먹튀라는 말은 빼주게나. 콩나물에 물을 주면 물이 빠져나간 것 같지만 콩나물이 자라듯이, 성락교회에 드나들면서 은연중에 성서 말씀을 받아들이고 있었으니까.

출입금지구역

붉은 벽돌 담벼락을 지나면 모래 언덕과 자갈 산이 이어진 널찍한 터가 우리를 기다린다. 삭막한 모래와 자갈이 놓인 곳에 생뚱맞게도 머루가 지천으로 자랐다. 어디 머루뿐인가? 인공 동굴도 있다. 굴 안쪽에 빗물이 고여 만들어진 자그마한 못은 신비로움마저 자아냈다. 동굴의 존재는 동네 아이 중에서도 친한 친구들끼리만 공유했다.

모래 언덕이 자리 잡은 그곳은 출입금지구역이기도 하다. 위험하니까 가지 말라고 어른들이 신신당부하였다. 오래전부터 아파트가 들어설 예정이라는 말만 무성하고 모래 언덕의 높이는 줄어들지 않았다. 중앙초등학교 운동장에 있는 놀이터와 맞먹는 재미난 곳인데 어째서 위험하다고 할까. 봉산파출소와 대

각선 지점, 그러니까 지금의 대봉맨션 자리가 우리들의 비밀 놀이터였다.

출입금지구역과 대구상고 담벼락 사이의 길은 천막처럼 만든 집들로 작은 마을을 이루었다. 어느 날 근처를 지나다가 집 밖으로 나온 또래 아이와 마주쳤다. 소녀는 얼굴 가득 미소를 지으며 오늘따라 콩나물국이 무지 맛있다고 혼잣말을 하였다. 저녁을 잔뜩 먹었더니 배가 부르다고 자신의 배를 두드리며 시선은 방 안의 TV를 향했다. 식구들은 텔레비전을 보면서 저녁을 먹는 중이었다.

세월이 흘러 불혹의 문턱에서 문득 깨달았다. 누추해도 비바람을 피할 집, 산해진미는 아니더라도 일용할 양식, TV 앞에 옹기종기 모여앉아 담소를 나눌 가족이 있으면 행복하지 않을 이유가 없지 않은가.

2010년 1월, 아랍에미리트로 출국하여 끝없이 펼쳐지는 사막을 가는 동안 가슴이 벅차올랐다. 오래전부터 막연하게나마 사막을 횡단하고 싶다는 바람을 간직하고 살았는데 마침내 이루어진 것이다. 그 꿈은 어린 시절 비밀 놀이터였던 모래 산에서 시작되었다.

모래 산을 정복하려면 끈기가 필수이다. 발을 디디는 순간

푹푹 빠지고 꼭대기에 올라가도 주르륵 미끄러져 내리기를 반복하기 때문이다. 자갈로 언덕을 이룬 곳은 오르기는 어렵지 않은데, 거친 촉감으로 말미암은 발의 통증을 감내해야 했다.

세찬 바람이 쌩쌩 부는 겨울날, 성희를 비롯한 동네 아이들과 모래 산으로 갔다. 이미 낯선 무리가 도착하여 놀고 있었다. 평소 익숙한 장면인지라 그들의 존재를 신경 쓰지 않고 신나게 뛰어다녔다. 누가 먼저였는지 모르겠으나 두 팀 사이에 모래가 오갔다.

장난으로 시작한 일이 점점 격해지면서, 갑자기 돌멩이가 휙 날아왔다. 모래와 자갈뿐인 곳에 이만한 크기가 있었을까? 하필이면 어린 수자가 돌에 맞아 머리에서 피가 줄줄 흐른다. 사태 파악이 되자 돌을 던진 아이들이 모두 달아나버렸다.

상처를 손으로 꽉 막았는데도 피가 멎을 기미를 보이지 않는다. 수자보다 나이가 많은 성희와 내가 의견을 모았다. 이대로는 위험하니 속히 어머니께 말씀드리고 치료를 받자고 권했다. 수자는 절대로 그럴 수 없다며 완강히 버텼다. 출입금지구역에서 벌어진 일이기 때문에 이실직고할 수 없다는 뜻이다. 일단 오늘 일은 비밀에 부치기로 약속하고, 수자가 길을 가다가 우연히 날아든 돌에 맞아서 다쳤다고 서로 말을 맞추었다.

수자의 사고가 계기가 되어 출입금지구역에 더는 접근하지 않았다. 대봉맨션이 1973년 8월에 입주를 시작하였으니까 마지막으로 갔던 때가 초등학교 3학년 봄 즈음인지 더 뒤였는지 기억이 가물거린다.

하여간 그날 모래 산 입구에 특이하게 생긴 승용차 한 대가 멈추었다. 차 문이 열리더니 금발의 어린 자매들이 내렸다. 동화에서나 나올 직한 레이스와 리본이 달린 원피스를 입은 소녀들은 깡통에 든 과자를 먹으면서 부모로 보이는 어른들과 이야기를 주고받았다. 서양 사람들(아마도 미국인)을 구경하려는 아이들이 자가용 주변을 빙 둘러쌌다.

사실 대구에서 미국 사람을 만나는 경우가 드물지 않다. 대봉성당 앞 도로 건너편에서 멀지 않은 곳에 캠프헨리라는 미군부대가 있다. 그 주변에 미군과 결혼한 한국 여성들이 세 사는 집들이 제법 있다고 고등학교에 다닐 때 친구들이 전해주었다.

봉산동 골목길에서 봉산파출소로 가는 도중에 샛길이 나온다. 그곳에도 미군과 사는 여성의 집이 있었다. 우리 어머니는 물론 동네 아줌마들이 이구동성으로 절대 거기에 가면 안 된다고 강조하였다.

동네 사람들이 뒤에서 양갈보라 부르는 언니는 옷차림과 화장이 눈에 띄지 않고 수수했다. 출입 금지에도 등급이 있다면 거기는 최고 단계이다. 그러나 엄마들이 아무리 단속해도 언니 집에 놀러 갔다는 아이들이 나왔다.

단순히 미제 초콜릿을 얻어먹으려고 금지된 집을 찾았다고는 생각지 않는다. 다녀온 아이들이 이구동성으로, 언니가 수줍음이 많은데도 다정하게 대해준다고 했다. 나는 직접 찾아가지는 못하고, 동네에서 언니를 만나면 반갑게 인사하였다.

6학년이 되고 어느 날 봉덕동 미군 부대 근처에 사는 옥경이 집에 초대를 받았다. 친구 집으로 걸어가다가 부대 문 앞 담벼락을 따라 길게 늘어선 손수레 행렬이 궁금하여 가까이 다가갔다. 멍한 눈빛으로 손수레 위에 앉아 있는 아저씨들이 누구를 기다리는지 금세 알아차렸다.

부모님의 고향에서 농사지은 쌀과 잡곡들이 오는 시간에 맞추어 아버지는 물표를 들고 동대구역으로 가셨다. 긴 손수레에 짐을 싣고 동대구역 앞에서부터 봉산동까지 끌고 온 아저씨가 집에 도착하면, 바로 밥상이 차려졌다. 식사 후에 수고비와 함께 할머니께서 챙겨주신 떡 같은 간식이 든 봉투를 들고 우리 집을 떠났다.

동대구역에서 봉산동 집까지는 지름길로 와도 5km가 넘는다. 걸어서 오기에도 버거운 거리를, 아저씨는 곡식 가마니들을 실은 손수레를 끌고 이동하였다. 그마저도 일거리가 많지 않아 서로 가겠다며 아버지 주변으로 모여들었다고 한다.

미군 부대 앞은 동대구역보다 일거리가 많지 않았을 것이다. 손수레 위에서 휑한 눈빛으로 손님이 오기를 하염없이 기다리던 아저씨들의 모습은 세월이 흘러도 쉬이 잊히지 않는다.

함박눈

함박눈이 내리는 날은 골목 곳곳에서 연탄재를 굴리며 눈사람을 만드는 아이들과 만나는 날이기도 하다. 하루는 큰대문집 언니 오빠들이 삽으로 눈을 퍼서 꽤 근사한 미끄럼틀을 만들었다. 동네 아이들처럼 나도 타보고 싶었으나 좀처럼 엄두가 나지 않았다. 계단을 밟고 올라서다가 미끄러지면 어쩌나, 높을 텐데 괜찮을까 궁리만 하다가 여러 날이 지났다.

이러다가 미끄럼틀이 다 녹아버리겠다 싶어 용기를 내었다. 마침 주변에 아무도 없었다. 얼음으로 변해버린 계단을 올라 경사진 미끄럼대에 앉았다. 나도 해냈다는 기쁨도 잠시, 땅에 닿는 순간 바지가 물에 흠뻑 젖고 말았다. 날씨가 풀리면서 미끄럼대 주변 바닥이 녹고 있었던 모양이다. 옷이 마르는 동안

이불 속에서 나의 소심한 행동을 곱씹었다. '녹기 전에 탈 걸 그랬다.'

재민 오빠와 순희 언니는 대문을 마주 보는 이웃사촌이다. 특이하게도 오빠 집 문간방 아궁이가 대문 밖에 있어 골목에서 불을 땠다. 날이 추워지면 동네 아이들이 오빠 집 아궁이의 잔열로 손을 녹이며 놀았다. 수줍음이 많은 재민 오빠는 동네 아이들이 자신을 부르는 소리만으로도 얼굴이 빨개지곤 했다.

어느 겨울날 세상이 온통 눈으로 뒤덮이고 바람마저 요란하게 몰아쳤다. 수돗가의 세숫대야가 바람에 굴러다니고 강아지 쫑이는 밤새 낑낑대며 보챘다.

날이 밝아지자 바깥이 소란스러워졌다. 경찰관이 출동하고 동네 사람들이 웅성대며 모여들었다. 재민 오빠네 아궁이에 어떤 아저씨가 들어가서 잠을 자다가 숨을 거두었다는 비보가 전해졌다.

집이 없이 떠돌다 온기가 남아있는 아궁이로 들어갔을까. 원래 지병이 있었는지 아니면 깊숙이 들어가서 질식하였는지 동네 사람들도 모른다고 했다.

수북이 쌓인 눈 위를 손수레 하나가 꺽꺽 금속 마찰음을 내면서 멀어져갔다. 눈 위의 선명한 바퀴 자국, 손수레 위를 덮은 가마니 한 장, 가마니 밖으로 나온 너덜거리는 아저씨 신발…….

그때 경찰관들은 왜 통제선을 설치하고 주민들의 출입을 막지 않았을까? 아니 내가 그 자리에 가지 않았더라면 얼마나 좋았을까? 가마니로 덮기 전에 보았던 아저씨 얼굴이 오랜 세월 동안 기억 속에 저장되었다.

나이 마흔을 넘기면서, 나의 트라우마보다는 아저씨의 삶에 대한 상념이 더 크게 다가왔다. 팔레스타인과 동티모르의 학교로 선뜻 갈 수 있었던 계기가 어쩌면 골목을 떠나는 아저씨와의 짧은 인연 때문인지도 모르겠다.

봉산동 골목길에서 조금 벗어나면 지금의 태왕아너스 아파트 주변에 공장과 공터가 있었다. 동네 아이들은 뜬금없게도 거기를 뻔번데기 주식회사라고 불렀다. 실제로 공장이었는지 확실치 않지만, 굴뚝에서 연기가 나왔던 것으로 기억한다. 우리 동네보다 넓은 공간인 그곳은 특히 눈 내리는 날 장관을 연출했다.

빈터에 대구맨션이 먼저 들어섰다. 대학병원 입원실에만 있는 줄 알았던 스팀이 나오는 아파트란다. 대구맨션이 완공을 앞둔 해 성탄절에 서울 대연각호텔에서 큰불이 났다. 화재 소식은 생중계로 전해졌고, 대구맨션 1층 상가 전파상 TV 앞에 사람들이 모여들었다. 담요를 걸친 채 창밖으로 나와 침착하게 구조를 기다리는 중국 사람의 모습도 숨죽이며 보았다.

이제 대구맨션은 재건축을 앞두고 철거되었다. 머지않아 주변 아파트들도 허물어지고 새 아파트가 들어온다니, 세월의 흐름은 누구도 막을 길이 없나 보다.

초등학교 졸업식을 마치고 나오는데 눈발이 휘날렸다. 중앙통의 중국집으로 짜장면을 먹으러 가는 친구들과 작별 인사를 하고 집에 거의 도착할 무렵 언니가 유림약국 건너편에 있는 제과점으로 데려갔다. 수제 햄버거를 기다리면서 창밖의 눈을 하염없이 바라보았다. 이제 더는 어린이가 아니라는 현실을 받아들이고 싶지 않아서인지 마음이 착잡해졌다.

중학교 3학년 국어 시간에 하늘이 어둑해지더니 눈이 펑펑 쏟아졌다. 누구랄 것도 없이 '와!' 하는 탄성과 함께 운동장으로 달려 나갔다. 귀한 카메라를 어떻게 구하였을까? 그날 친구들과 찍은 사진을 보면 미소가 절로 나온다. 친구가 건네준 사진을 받고 뒷면에 '1977년 11월 29일 첫눈 오던 날'이라고 썼다.

학교에서 마침 국군장병 아저씨들에게 보내는 위문 편지를 쓰라고 하여 너도나도 눈 소식으로 시작하였다. 국어 담당이자 담임이신 박준태 선생님께서, 눈이 귀한 대구는 오늘이 특별한 날이겠지만 최전방에서 눈을 치우느라 고생하는 군인들에게도 그럴지 잘 생각해보라고 하셔서 편지를 고쳐 쓰느라 시간이 제법 걸렸다.

대학교 입학을 앞둔 2월에도 함박눈이 내렸다. 그날 아침에 중학교 동창인 정혜의 전화를 받았다. 인문계보다 성적이 높은 상업고등학교를 선택했던 정혜는 서울의 회사에 취직이 되어 떠나기 전에 만나자고 연락한 것이다.

명덕로터리에서 가까운 커피숍으로 약속 장소를 정하였다. 평소 20분이면 도착하는 곳을 눈을 헤치며 나아가려니 발걸음이 더뎠다. 고등학생 티를 벗지 못한 내가 커피숍에 처음 입장한 날이기도 하다. 정혜를 만나고 돌아오는 길에도 눈발이 하염없이 휘날렸다.

대프리카

방송에서 대구가 대프리카로 소개되는 장면을 보고 기발한 작명을 한 사람이 누구인지 궁금했다. 신조어는 대구에만 국한되지 않고 차가운 바람이 부는 인천 송도는 송베리아라는 별명이 붙었다.

다른 지역 출신 지인들로부터 대구의 무더위를 실감 나게 표현해 달라는 요청을 받을 때면 이렇게 말한다. 물이 끓고 있는 냄비뚜껑을 열었을 때 증기가 얼굴에 확 닿는 순간을 상상해 보라고.

아랍에미리트의 더위는 상상을 초월한다는데, 아부다비와 두바이를 1월에 다녀온 덕분에 초가을처럼 쾌적한 날씨를 경험하였다. 오래전에 말레이시아 쿠알라룸푸르로 여행 갔다가

메르데카 광장에서 한 무리의 우리나라 관광객들을 만났다. 더위에 지친 일행은 도대체 누가 여기로 오자고 했느냐면서 서로 언성을 높였다.

자신들의 모습이 겸연쩍었는지 나에게 동의를 구하였다. 덥기는 하지만 대구보다는 시원하다고 말했더니 그들 모두 박장대소한다. 불편한 분위기를 풀어주려고 지어낸 말이 아니라 진심이었다. 쿠알라룸푸르의 높은 기온에도 불구하고 그늘에 들어가면 견딜 만했다. 한여름 로마에서도 그랬다. 하지만 대구의 그늘은 무더위 쉼터라고 부르기에는 무언가 부족하다.

싱가포르 국적의 친구 제이미Jamie는 우리나라의 가을 날씨가 환상적이라며 극찬하였다. 얼굴에 서늘한 바람이 닿을 때면 이보다 더 행복할 수가 없다고. 싱가포르에서 태어나고 자랐기 때문에 열대기후에 적응된 줄 알았다. 체질에 따라 괜찮은 사람도 있겠지만 자신은 그렇지 않다더니 아예 우리나라에 정착했다.

대구가 고향인 친구들도 더위라면 고개를 가로젓는다. 지금은 에어컨이 있어 견딜 만한데도 어느 순간 어릴 적 기억이 되살아난단다. 나는 한여름에 건널목을 건널 때 푹신푹신했던 느낌이 각인되어, 다른 지역에 가서 딱딱한 도로를 밟으면 오히려 낯설다.

9살이 될 때까지 봉산동 골목길에서 냉장고가 있는 집이나 가게는 없었다.(어쩌면 큰대문집에는 냉장고가 있었을 수도 있겠다. 동네에서 지프차가 있는 유일한 집이었으니까.) 정미 엄마가 내가 10살 무렵 부엌을 개조하여 작은 가게를 열었다. 동네 1호 냉장고가 이때 등장했다. 그것도 업소용이 아닌 가정집 냉장고로, 오렌지 분말을 섞은 물을 얼려서 팔았다.

더위를 식히는 데 별 도움이 되지는 않지만, 아이들은 삼각형 모양의 비닐 주머니에 빨간 색깔, 노란 색깔의 달짝지근한 물이 든 것을 사서 먹었다. 비닐에 구멍을 뚫어 입에 대고 빨아먹거나, 친구들에게 물줄기를 날리는 장난감으로도 안성맞춤이다. 그것은 부모님이 지정하신 불량식품 1호로 직접 산 기억은 없고, 하드는 먹을 수 있었다. 하드란 컴퓨터 용어가 아니라 아이스바를 그렇게 불렀다.

여름이 찾아오면 동네 가게나 학교 앞 문방구 앞에 하드 통이 자리 잡았다. 대략 어른 허리 높이이다. 하드 통의 벽은 보온병의 구조이고, 하드와 함께 얼음주머니를 넣어 보온력을 높였다.

하드가 든 사각 상자를 자전거에 싣고 가게로 찾아온 아저씨 주변에 동네 아이들이 우르르 몰려들었다. 마음씨 좋은 아저씨는 하드 통의 얼음주머니를 풀어서, 녹은 물을 바로 버리지 않고 우리 손으로 부었다. 쟁쟁한 경쟁률을 뚫고 얼음조각을 받아 행운의 주인공이 된 아이들은 소금의 짠맛을 감수해야 했다. 과학 교사가 되어 슬러시 만들기를 할 때마다 얼음에 소금을 뿌리는 이유를 서로 논의해보라고 하였다. 그러면서 어릴 적 하드와 관련된 이야기를 들려주었다.

중학생 즈음에 시판된 쮸○바는 선풍적인 인기를 끌었다. 그보다 먼저 나온 파인애플 모양의 새콤달콤한 맛이 나는 얼음과자의 맛도 놀라웠다. 진짜 파인애플은 중학교 3학년 때 친구 미영이 집에 가서 처음 맛보았다. 실제 과일과 얼음과자의 맛이 어쩌면 이토록 비슷할까.

어머니가 수박 한 덩이를 잘라 숟가락으로 속을 파는 동안 아버지는 얼음을 조각내셨다. 얼음과 수박 조각을 큰 양재기에 담고 사이다까지 한 병 넣고 설탕을 뿌린 다음 국자로 휘휘 저으면, 세상에 둘도 없는 여름 간식이 탄생하였다. 수박을 유난히 좋아하게 된 계기가 어린 시절 온 식구가 한 상에 둘러앉아 먹었던 화채의 추억도 한 몫하리라.

대봉동으로 이사하고 비닐봉지에 담긴 분말주스가 광고에 등장하였다. 지금은 신맛이 질색이지만 어릴 적에는 여름 내내 물에 태워 마셔도 질리지 않았다.

중학교 3학년이 되면서 보충수업이라는 이름으로 여름방학의 절반을 학교에 나갔다. 교실에 들어서면 68명이 뿜어대는 열기로 아침부터 온몸에 땀이 흠뻑 젖었다.

과학 보충 첫 시간에 황윤희 선생님께서 들어오시자 아이들이 방학 때 피서 다녀오신 이야기를 들려달라며 졸랐다. 잔뜩 기대하고 했던 질문에 피서지는 집의 목욕탕이라고 하시며 바로 수업을 시작하셨다. 황윤희 선생님은 초중고 시절을 통틀어 최고의 과학 선생님으로 기억한다. 중3 때 선생님을 만나 과학에 더욱 흥미를 갖게 되었고, 물리학을 전공하게 된 계기가 되었다.

당시 선생님처럼 목욕탕 시설을 갖춘 집은 드물었다. 대부분의 주택에서는 칸막이 정도만 만들어 욕실로 사용했다. 그마저도 없는 집은 수돗가에서 바가지로 물을 퍼부으며 더위를 식혔다. 수돗물을 바로 받아 사용하는데도 다 씻을 때까지 물이 뜨끈뜨끈했다. 땅 밑에 설치된 수도관조차도 대구의 더위를 피해갈 수 없었나 보다.

여름에는 모기장을 치고 마루에서 잠을 청했다. 밤이 되면 지붕과 벽에서 내뿜는 열기 때문에 한 자락의 바람마저 절실했다. 마당과 뒤곁으로 통하는 마루 문을 활짝 열어놓았지만 불안하지 않았다. 안방에 부모님이 계시기 때문이다.

아버지께서 떠나신 후 더는 마루에 모기장을 펴지 않았다. 방에서 자면서도 마루 문을 안쪽에서 꼭꼭 걸어 잠갔다. 우리 가족의 든든한 울타리! 그 소중한 의미를 아버지와 이별하고 나서 비로소 깨달았던 것이다.

우리들 마음에 빛이 있다면
여름엔 여름엔 파랄 거예요. 산도 들도 나무도
파란 잎으로 파랗게 파랗게 덮인 속에서
파아란 하늘 보고 자라니까요.

선생님의 오르간 소리에 맞추어
우리는 입을 크게 벌려 노래를 부릅니다.
창문 밖 하늘에 뭉게구름이 두둥실 떠다니고,
푸른 하늘을 바라보는 소녀의 꿈도
덩달아 자랍니다.

2부

우리들 마음에 빛이 있다면

가교사와 급식 빵

국민학교라 불리던 초등학교 시절의 선생님들을 생각하면 숙연해진다. 중학교에 입학하여 우리 반에 68번이 있었고, 초등학교 때는 한 반에 70명이 훌쩍 넘었다.

사람들은 1학년인 내가 수업받는 교실을 가교사假校舍라고 불렀다. 검은색 판자로 지은 1학년 교실에 이어 강당의 무대가 교실로 변신했다. 2학년이 되면서부터이다. 무대 건너편 아래쪽의 일부 공간은 합판으로 막아 4개의 교실을 만들어 다른 학년이 사용했다.

강당 다음으로 옮겨간 곳은 과학실이다. 출입문을 열고 들어서면 시약 냄새가 풍기고, 인체 전신 모형이 바람에 흔들거렸다. 과학 교사가 되고 나서도 유난히 시약 냄새에 민감하게 반응하는 이유가 과학실에 대한 이런 기억 때문인지도 모르겠다. 2학년 때 6반으로 가운데 학급인 우리가 왜 교실을 여러 차례 옮겨 다녔는지 궁금하다.

나중에 임시교사를 철거하고 작은 수목원이 들어서기 전까지 1학년 교실은 정문 바로 옆에 자리 잡았다. 비가 주룩주룩 내리던 어느 여름날, 선생님이 큰 주전자에 물을 담아오라며 나에게 심부름을 보내셨다. 수돗가로 가려면 운동장을 가로질러 꽤 먼 거리를 이동해야 했다. 물을 가득 채운 주전자를 들고 낑낑대며 비에 젖은 채로 교실에 들어서는 순간 묘한 감정이 교차했다.

평소에 선생님이 내게 보낸 시선이 그다지 곱지 않다고 느꼈다. 그럴수록 살갑게 다가가서 애교도 부리고 하였더라면 좋았으련만, 8살 아이는 선생님을 향한 마음의 빗장을 슬며시 닫아걸었다.

교사가 되고 나서 초등학교 1학년 때의 기억이 새삼 떠올랐다. 자신만 미워한다고 서운하다는 아이가 있었기 때문인데, 나의 진심과는 다르게 받아들이니 당황스러웠다. 1학년 담임 선생님과의 관계도 서로의 마음이 제대로 전해지지 않아서 그랬을까?

'어머니. 바둑아 바둑아 나하고 놀자'처럼 국어 교과서에 나오는 단어와 문장을 반복적으로 서너 장씩 쓰는 숙제는 고통스러웠다. 한 장은 어떻게든지 참고 해 보겠는지 그 이상은 무리였다. 그래서 어머니라고 순서대로 하지 않고 세로로 어어어 머머머 니니니, 라고 베끼기도 했다.

중학교 한문 시간에 오늘 배운 한자를 열 번씩 베껴서 내라는 숙제, 매일 깜지빽빽이 세 장을 제출하라는 가정 숙제……. 단순 암기와 반복적인 쓰기 과제는 괴롭기 짝이 없었다. 그로 인해 틱 장애와 같은 증세를 겪기도 했다.

비닐봉지를 가지고 오라고 가정연락부에 기록하는 손이 살포시 떨렸다. 드디어 내일이면 나도 급식 빵을 받는구나! 귀가하여 바로 어머니에게 달려가, 비닐봉지 꼭 주셔야 한다고 거듭 부탁드렸다. 다음 날 빵을 담을 봉지를 가방에 넣고 깃털처럼 가볍게 집을 나섰다.

옥수수로 만들었다는 빵은 둥근 철제 양동이에 담겨 우리 앞에 모습을 드러냈다. 선생님이 줄줄이 붙은 빵을 하나씩 뜯어내어 우리 줄 아이들에게 나누어주셨다. 그렇지만 봉지를 가져오지 않은 아이들은 빵을 받지 못하였다.

행여나 빵이 책에 눌리면 어쩌나 조심조심 가방에 넣어 집으로 가져왔다. 봉지째 어머니께 건넸지만 받으려 하지 않으셨다. 입에 넣어드려도 한 조각만 맛보고 돌려주셨다.

굵은 입자가 보이는 빵을 떼어내어 천천히 씹었다. 세상에 이렇게 맛있을 수가! 매일 받았으면 얼마나 좋을까마는 한 줄씩 차례가 돌아오므로 다음 주까지 기다려야 한다.

나와 같은 날 빵을 받은 정교는 옆줄의 빈자리로 가서 앉으라는 선생님의 말씀을 듣고 뛸 듯이 기뻐하였다. 우리 반이 된 동네 소아과 의사 선생님 아들이 부속 초등학교로 전학을 갔다. 친구 덕분에 정교가 행운의 주인공이 될 모양이다. 기대와는 달리 그는 다음 날 추가 급식 빵을 받지 못하였다. 가죽점퍼를 입고 다니며 멋쟁이로 통했던 정교는 안타깝게도 20대에 교통사고로 친구들 곁을 떠났다.

1학년을 마치면서 학교에서 사라진 옥수수빵이 순정이 집에 가면 흔했다. 수자와 같은 집에 세 사는 순정이 집 장독에 가득 들어있는 빵들이 대체 어디에서 왔을까. 오래 보관하는데도 곰팡이가 피거나 썩지 않는 까닭은 또 무엇인지 궁금했다.

순정이는 초등학교 3학년 때 한 반이고, 같은 중학교로 진학하여 제법 친하게 지냈다. 엄마가 갓난아기를 돌보는 일을 하셨는데, 나중에 외국으로 입양될 아기들이라고 했다.

얘가 가진 책마다 무상으로 지급되는 교과서라는 스탬프가 찍혔다. 왜 누구 책에는 그런 문구가 박혔는지 친구들 사이에서 궁금하게 여기는 분위기였다. 하지만 상황을 어슴푸레 짐작하고 있었기에 당사자들에게 직접 물어보지는 않았다.

2학년이 되면서 무료 급식 빵이 유료로 바뀌었다. 2006년에 새 아파트가 들어선 자리가 그때는 가파른 언덕 위에 집들이 즐비했다. 그 동네에 사는 경표라는 아이가 급식 빵을 들고 다니며 친구들에게 약을 올렸다. 개구쟁이였던 경표는 나중에 미국에 유학을 다녀와서 모 대학교 공과대학의 교수가 되었다.

한 해만 나왔던 길쭉한 모양의 급식 빵은 설탕을 뿌려서 먹어야 할 만큼 맛이 별로였다. 고학년이 되면서 팥빵으로 바뀌었을까? 여전히 앙금이 들어있지 않았나? 기억이 가물거린다.

3학년인가 4학년 때 급식 빵과 함께 비닐봉지에 넣은 우윳가루가 등장했다. 가루를 더운물에 녹여서 먹어야 하건만 아이들은 장난치느라 입에 넣고 뿜어내어 선생님께 야단을 맞곤 했다.

6학년이 되자 우리 반에서 급식 빵을 신청한 아이들이 크게 줄었다. 선생님이 이 일을 두고 화를 내셨다. 아마도 간식거리로 과자를 사서 먹기보다는 빵이 몸에 더 좋다고 생각하신 것 같다. 양호실 앞 복도에 봉지 빵이 든 상자가 층층이 쌓였고,

당번이 빵을 받아 왔다. 예나 지금이나 보건 교사의 업무 가운데 생뚱맞은 일이 포함되었다는 생각을 떨칠 수 없다.

추억의 급식 빵은 초등학교를 졸업하고 몇 년이 흐른 후 슈크림 식중독이 발생했다는 뉴스가 들리더니 학교에서 사라지고 말았다.

"요즘 아이들이 급식 빵의 오묘한 맛을 알까?"

언젠가 친구에게 이렇게 말했더니, 자꾸 옛날이야기를 하는 걸 보면 우리도 나이 들어가는 모양이라고 하여 함께 웃었다.

학교 앞 문방구

카페에서 친구를 만나 탄산음료를 마시다가 중학교 시절 이야기가 화제에 올랐다. 1학년 때 기체의 용해도 실험에 쓸 사이다를 사서 갔단다. 실험재료를 왜 학생이 준비하는지 의아하다는 사람들이 있겠지만 당시는 물론 한참 후까지도 그랬다.

내가 수업하는 과학실에는 오래전부터 모눈종이, 색종이를 비롯한 종이류와 가위, 풀, 자, 각도기는 기본이고 각종 문구류를 갖춰 두었다. 준비물이 사라진 학교가 학생들은 편리하겠으나 문방구에 관한 추억거리는 별로 남아있지 않겠다.

초등학교 시절에 6학년이 12반까지 있었다. 한 반에 인원이 70명보다 많았으니 전교생은 5,000명이 넘었겠다. 꼬마 손님들 덕분에 정문 앞에 문방구들이 줄지어 자리 잡았다. 별걸 다 기억하는 내가 어쩐 일인지 은성문구사 외에는 문방구 이름이 가물거린다.

우리들 사이에서 ○○문구사 아줌마가 결혼 전 미스코리아 대회에 나갔는데, 발가락이 6개여서 떨어졌다는 소문이 돌았다. 실제로 그 문구사 사장님의 미모는 상당했다.

여학생들은 대체로 고학년이 되면 단골 문방구가 정해지고 주인아줌마와 친하게 지냈다. 나는 딱히 단골이 없었다. 아버지께서 학기 초에 일 년 치 학용품들을 도매상에서 구매하여 주셨다. 그래서 내가 사는 학용품이라야 풀 정도였다.

나도 친구들처럼 용돈을 받아 직접 물건을 고르고 싶었다. 고가의 자석 필통은 도매상이 저렴하다 치더라도 공책과 연필은 선호하는 디자인이 있기 때문이다. 아버지는 내 취향보다는 주로 실용적인 면을 고려하여 결정하셨다.

뒷면에 소녀와 옷 그림이 붙은 공책은 여자아이들의 로망이었다. 세련된 헤어스타일로 한껏 멋을 부린 눈이 큰 소녀를 먼저 오려내고 점퍼스커트, 판탈롱, 원피스, 드레스 같은 옷들도 차례로 잘라냈다. 이때 어깨 부분을 잘 보고 가위를 대야 하는데, 자칫 접어서 몸에 걸치는 부분이 잘려 나가면 옷을 입힐 수 없게 된다.

종이 인형을 빨리 갖고 싶어서 필기를 설렁설렁하고, 마지막 장이 남았는데도 새로 사는 아이들이 있을 정도로 그 공책은 여학생들 사이에서 선풍적인 인기를 끌었다. 솜씨 좋은 아이들은 색종이로 옷장을 만들어 인형 옷을 보관했다.

4학년에 올라와 같은 반이 된 주영이는 공책의 표지모델이 되었다. 남학생과 손잡고 찍은 사진을 두고 아이들이 궁금하다고 했는데, 주영이 말에 의하면 실제로 손을 잡은 것이 아니란다. 각자 자세를 취한 사진을 붙여서 그렇게 보인다는데 70년대 초반에 합성이 있었다니 놀랍다.

주영이는 오래전에 미국으로 떠났다고 한다. 유난히 통통했던 여동생 그리고 갓난아기인 남동생이 있는 집으로 놀러 간 적이 있다. 침대 대용으로 쓸 접이식 보료가 막 도착하여, 주영이 여동생이 그 위에 올라가서 신나게 뛰어놀던 모습이 눈에 선하다.

4학년 무렵에 흑진주라는 연필이 등장하였다. 촉감이 부드럽고 연필 끝에 침을 바르지 않아도 글씨가 선명하게 써졌다. 자동 연필깎이(실은 손잡이를 돌리는 수동)는 아무나 가질 수 없는 특별한 학용품이다. 부지런한 주인들이 그걸 굳이 학교에 가져와서 친구들의 연필을 깎아주는 수고를 자처하였다.

여학생들이 종이 인형 옷 갈아입히는 공책을 사러 학교 앞 문방구에 드나들 때 남학생들의 주요 관심사는 책받침이었다. 쉬는 시간이면 책받침을 세워놓고 부러뜨리기 시합을 벌였다. 지면 새 책받침을 사서 다시 도전하였다.

승부욕이 강한 아이들은 비장한 각오로 임하였다. 그러다 보니 점점 센 것이 나와 쇠로 만든 책받침까지 등장했다. 금속은 정정당당하지 못한 재료라고 항의를 받아 결국 제외되었지만, 한동안 플라스틱 책받침들이 무수히 부수어졌다.

5학년이 되자 고전 읽기가 의무적으로 추가되었다. 전국적으로 12살 어린이들의 수준이 천차만별일 텐데 권장 도서 목록이 아닌 한정된 책을 정해주고(실제와 다를 수도 있겠지만 세 권으로 기억) 그것도 지정된 출판사의 책을 읽어야 한다는 발상이 누구에게서 나왔을까.

하여간 5학년 때 지정도서 중 하나인 『신유복전』은 서점이 아니라 학교 앞 문방구에서 팔았다. 문방구의 진열대에는 고전 도서들이 빼곡히 자리 잡았다.

가을운동회가 끝나면 문방구 주인들은 전세 버스로 단체 관광을 떠났다. 저마다 형형색색의 옷을 차려입고 버스에 오르던 문방구 사장님들이 지금은 모두 백발의 할아버지 할머니가 되었겠다. ○○문구사 사장님의 미스코리아 출전 이야기는 사실일까? 여전히 미스터리로 남는다.

빨간 색소 노란 색소

일본에서 노란 색소를 뿌린 빙수를 팔다니, 신기하네! 2002년 8월, 도쿄를 찾았을 때 예쁜 길거리 카페에서 색소 빙수가 불티나게 팔리고 있었다. 호기심에 주문하려다가 여행 중 배탈이 염려되어 발걸음을 돌렸다.

어릴 적에 봉산동 골목길을 나와 오른쪽으로 돌면 봉산파출소, 왼쪽으로는 제과점이 자리했다. 제과점 옆 자그만 가게의 솜씨 좋은 아줌마가 만두를 예쁘게 빚어서 팔았고, 여름이면 주메뉴가 빙설로 바뀌었다. 대구에서는 빙수를 빙설이라고 하는데, 언젠가부터 전국적으로 통일된 이름인 빙수로 불리었다.

대학생이 되어 친구와 함께 찾아갔더니 주인아줌마가 나를 알아보고 반겨주셨다. 아줌마는 예전처럼 수동기계로 얼음을 갈았다. 어릴 적의 빨간 색소 노란 색소 대신에 달콤한 시럽을 팥 위에 올리고 미숫가루까지 들어간 빙설을 맛있게 먹었다.

더운 여름날 향교 방향으로 하교하는 아이들은 교문 근처 얼음과자 노점에서 발걸음을 멈추었다. 얼음을 대패로 쓱싹쓱싹 갈아 하트 모양의 틀에 꽉 누른 다음, 앞뒤로 빨간 색소 노란 색소를 뿌리는 아저씨의 숙련된 동작이 늘 봐도 신기했다. 구경하는 아이들 틈에서 누가 그걸 사서 먹으면 '와~' 하는 탄성과 함께 일제히 그쪽을 바라보았다.

내가 13살 무렵 얼음과자 장수 아저씨는 소년원이 이사 간 공터에서 자전거 대여 일을 시작하였다. 인심 좋은 아저씨 주변에 자전거를 빌려 타려는 아이들로 붐볐다. 아저씨 딸이 지금의 봉산문화거리 입구에서 냉차를 팔았고, 포장마차도 꽤 오랫동안 운영하였다. 내가 대학생이 되고 나서 아저씨가 돌아가셨다는 안타까운 소식을 들었다.

초등학교 졸업을 앞둔 겨울에 큰오빠가 동아백화점 근처에 있는 제과점으로 나를 데려갔다. 한겨울인데도 메뉴에 빙설이 있다니 신기하다. 세련된 옷차림의 종업원 언니가 우아한 유리

그릇에 담긴 빙설을 들고 왔다. 갖은 과일 통조림을 위에 올려 달콤한 맛이 일품인 데다, 서걱서걱한 얼음알갱이가 씹히지 않고 입자 또한 고왔다.

경복여자중학교 근처 문방구에서는 찐득한 시럽을 듬뿍 넣은 빙설이 아이들에게 인기를 끌었다. 언제였던가? 방천시장 근처에서 먹은 빙설을 마지막으로 빨간 색소 노란 색소를 뿌린 빙수는 추억 속으로 사라졌다.

잡지 소년중앙에 '얼음과 어름 중에서 어느 것이 맞을까요?'라는 질문이 실릴 즈음, 동네 얼음 가게도 덩달아 바빠졌다. 톱으로 잘라낸 얼음은 심부름 온 아이가 가져온 양재기에 담겨 불티나게 팔려나갔다. 통을 가져가지 않으면 짚으로 묶어 주었다. 가게로 간 얼음은 빙설이 되어 본연의 임무를 완수하였고, 집에서는 수박화채나 오이냉국으로 들어갔다.

대한전선의 원투제로 냉장고가 우리 집에 들어오던 날, 15살 아이는 세상 부러울 것이 없었다. 물고기가 냉동실에서 입을 뻐끔거리며 원, 투, 제로라고 말하는 광고가 인기를 끌던 때였다.

그로부터 10여 년 후 가정용 빙수기를 샀다. 입맛대로 재료를 섞어 한입 넘기면 서늘하고 달콤한 느낌이 온몸으로 번졌다. 때로는 빙수 마니아이자 통이 남달랐던 중학교 친구 현주 생각을 하면서 먹었다.

“어른이 되면 헬리콥터를 타고 눈 덮인 알프스산맥 위로 가서, 빨간 색소하고 노란 색소를 막 뿌릴 끼다. 그라고는 대형 삽으로 섞을란다. 너거들도 무로먹으러 온나오너라.”

소풍 가는 날

초등학교에 다니는 내내 소풍 장소는 앞산으로 같았다. 포털 사이트에서 검색해보니 학교에서 앞산공원까지는 거의 5km이며, 도보로 한 시간이 넘게 걸린다고 나온다. 8살짜리도 예외는 없다. 소풍은 걸어서 가는 것으로 받아들였다.

소풍날 아침에 학교 운동장에 모여 6학년 1반을 시작으로 앞산을 향한 대장정이 시작된다. 학급마다 기수라고 하여 키 큰 남학생이 학급 깃발을 들고 앞장서서 걸었다. 6학년 12반 뒤에는 5학년 1반이 이어졌고 마지막으로 1학년이 출발했다. 우리가 줄을 서서 걸어갈 때 문방구 주인들이 입구로 나와 손을 흔들어주었다. 길에서 만나는 시민들도 그랬다.

2학년 소풍날에 결석한 친구가 길목에서 감을 씹어 먹으면서 우리들의 행렬을 물끄러미 바라보고 있었다. 친구들이 같이 가자며 경미 손을 잡아끌었지만, 무심히 뿌리쳤다. 저학년 때는 김밥과 음료, 과자를 준비하는 데 드는 비용이 부담스러워 소풍을 가지 못하는 아이들이 더러 있었다.

소풍의 백미는 보물찾기이다. 평소 과자나 음료를 사더라도 뽑기에 운이 따랐다. 홈쇼핑에서 백화점 상품권이 당첨되는 행운아인데 어릴 적 보물찾기 정도는 어렵지 않았다.

1학년 소풍 때는 어머니가 동행하셨다. 정확한 이유는 기억나지 않으나 선생님이 큰 소리로 우는 바람에 수건돌리기가 시작되고도 분위기가 착 가라앉았다. 다행히 엄마들 몇 분이 상품으로 줄 공책을 흔들며 흥을 돋우어 잘 마무리되었다. 수줍음 많은 우리 어머니는 사람들의 눈에 띄지 않은 곳에서 조용히 나를 지켜보고 계셨다.

TV에 다양한 종류의 김밥이 소개되고, 맛집으로 알려진 김밥 전문점도 흔한 세상에 살고 있다. 하지만 세상에서 오직 하나, 어머니가 만들어주신 김밥만 입에 맞는다고 하면 너무 심한 말일까?

소풍날이면 새벽부터 화덕에 솥을 올려 밥을 짓고, 석유풍로를 켜고 계란 지단을 붙이며 소고기를 볶았다. 어머니의 김밥은 세상 어디에도 없는 조리법으로 완성되었다.

김을 펴서 밥을 올리고, 참기름에 섞은 소금을 밥 위에 슬쩍 발랐다. 밥에 식초를 섞은 적은 없었다. 김밥 하면 단무지인데 어머니는 그마저도 넣지 않았다. 몸에 더 좋은 재료를 선택하려는 이유 때문이다.

귀한 소고기를 잘게 썰어 갖은양념을 하여 볶았다. 내가 싫어하는 당근은 빼고, 시금치 같은 채소류가 들어갔다. 주재료인 소고기와 시금치 그리고 달걀이 색 조화를 이루었고 묘하게 맛이 어우러졌다.

2학년 소풍 때 한 줄은 썰지 말고 달라는 나의 부탁을 들어주셨다. 작년에 걸어가면서 도착 전에 지치고 배고팠던 기억이 났기 때문이다. 소풍 행렬은 교대 앞을 지나면서 절정을 이루었다. 일부러 쉬어가지 않더라도 워낙 줄이 길다 보니 자연히 멈추어졌다. 앞산 진입을 앞두고 대명동에서 대기할 때 아이들은 삶은 달걀이나 과자 등을 꺼내먹었다. 여분으로 가져온 김밥을 먹기도 했다.

목적지에 도착하면 자신들의 엄마와 함께 아이스박스를 앞에 두고 기다리는 이들이 있었다. 친구들과 함께 걸어가지 않고 코로나 자가용이나 택시를 타고 온 아이들이다. 우리가 땡볕 아래 메고 와서 뜨끈뜨끈해진 사이다를 집을 때, 얘들은 아이스박스에서 시원한 음료를 꺼냈다. 병따개를 대는 순간 거품이 솟구쳐, 때로는 절반 정도만 남은 사이다를 마시게 된 아이들과 다른 세상 사람들인 셈이다. 전교생이 걸어서 학교로 돌아가는 시간에도 그들은 자가용을 타고 이동했다.

교사가 되고 나서 어린 시절과 같은 기억이 재현되는 상황을 용납하지 못하는 자신을 발견하였다. 그러니까 부모의 우월한 지위를 이용하려는 아이들을 만났을 때이다.

초등학교 동창을 통해 저학년 때 자가용 타고 소풍 갔던 동기들 몇 명의 소식을 들은 적이 있다. 그들은 대체로 평범하게 살고 있었다. 평범한 삶이 나쁘다는 뜻은 아니다. 하지만 부모의 과도한 보살핌이 오히려 아이의 잠재 능력을 발휘하는 데 방해 요인이 되지는 않았을까.

소풍 장소에는 넝마주이라 불리는 소년들이 우리보다 먼저 도착하여 자리 잡고 있었다. 그들의 존재를 불편하게 여기기보다 원래 그러려니 받아들이는 분위기였다. 점심시간 전에 삶은 달걀, 밤과 땅콩 찐 것, 김밥, 과자 등을 학급별로 추렴하여 그들에게 가져다주었다.

친구 경숙이가 부채과자에 파란색이 붙은 것을 곰팡이로 착각하고 봉지째로 산 아래로 굴렸다. 그걸 넝마주이 오빠가 냉큼 집어갔다. 그들은 음식을 다 먹고 오락회까지 구경한 다음 떠났다.

소박하면서도 흥겨웠던 오락회는 수건돌리기를 기본으로 선생님에 따라 추가되는 놀이가 달랐다. 고학년이 되어서는 장기자랑이 인기를 끌었다. '과학 하는 마음으로 능률 있게 일하고……' 과학의 날 노래를 부르는 4학년 어느 반 선생님의 청아한 음성이 들렸다. '지구는 둥그니까 자꾸 걸어 나가면……'을 합창하던 우리가 노래를 잠시 멈추고 귀를 기울였을 정도로 깊이가 있었다.

아이들이 선생님도 노래 부르시라고 환호하면 고맙게도 모두 응해주셨다. 초등학교 선생님 하면 가장 먼저 떠오르는 이미지가 반듯한 글씨체이고, 다음으로는 풍금을 치며 노래를 가르쳐 주시던 음악 시간이다. 내 기억 속의 초등학교 은사님들은 명필에다 명창을 겸비하셨다. 2학년 때 담임인 임○영 선생님의 소리가 특히 고왔는데, 선생님이 노래 부르실 때면 전축에서 흘러나오는 성악가의 가곡을 듣는 듯했다.

소풍은 자체도 설레었지만 준비하는 과정이 더 신났다. 대형 상점이 없던 시절에 동네 가게는 소풍 호황을 맞아 붐볐다. 기본품목인 과자와 사이다에 가을이면 삶은 밤과 땅콩이 추가되었다. 달걀도 넉넉히 삶아 주셨기에 친구들과 나누어 먹었다. 평소에는 달걀 하나조차 귀한 음식이지만 이날만은 예외이다.

6학년이 되자 소풍 준비물에 특별한 품목이 추가되었다. 평소에는 맛보기 힘든 복숭아 통조림이 바로 그것이다. 어머니는 황도 통조림 두 개를 사서 배낭에 넣어주시면서, 하나는 선생님께 드리고 나머지는 친구들과 나누어 먹으라고 당부하셨다. 막상 소풍 장소에 도착하면 선생님을 바로 바라보지 못하고 얼굴이 빨개져서, 말까지 더듬으며 전해드렸다.

준비해 간 간식들이 넉넉하여 친구들과 나누어 먹기에 충분하기도 했지만, 왠지 복숭아 통조림은 할머니께 드려야 할 것 같아 다시 가져왔다.

"머하로 가왔노. 친구들하고 노나 먹지."

할머니는 황도 조각은 내 입에 넣어주시고 국물만 잡수려 하셨다.

○○초등학교는 오래전에 소사 아저씨가 구렁이를 죽였기 때문에 소풍날마다 비가 온다는데, 우리는 6년 내내 쾌청한 날씨를 자랑했다. 다만 5학년 가을 소풍날은 꽤 쌀쌀했다.

이제는 소풍날 필수 음료인 말표 사이다를 구할 수 없으니 다른 상표 사이다 한 병을 사야겠다. 삶은 달걀과 황도 통조림을 배낭에 마저 넣고 앞산으로 떠나볼까? 명희야, 혜숙아! 너희들도 같이 갈 거지?

가을운동회

운동회를 앞둔 날이면 행여 비가 내릴까 염려되어 자꾸만 하늘을 올려다보았다. 2학년 때까지는 교내 운동장이 아니라 종합경기장(현재의 시민운동장)으로 모였다. 전교생이 참여하기에는 학교 운동장이 좁아 다른 장소를 선택했던 모양이다. 어마어마한 인파들 속에서 찬합을 들고 오시던 어머니에 대한 기억이 아득하다.

2학년 매스게임은 별도의 연습 시간을 두지 않았다. 평소 중간놀이 시간에 방울새 노래에 맞추던 율동을 그대로 선보였다. 3학년부터는 학년별 매스게임을 준비하느라 수업이 끝나고 남았다. 이때만큼은 특별대우를 받아 빠지거나 일찍 집에 가려는 아이들이 없었다. 5학년이 되면서 매스게임의 난이도가 높아졌고, 자연스레 연습 시간이 늘었다. 남학생들은 기마전 같은 그들만의 경기 준비로 분주했다.

5학년 운동회 날 후배들이 고무줄놀이하면서 매스게임을 펼치는 장면을 보았다. 놀이로 매스게임을 구성한 아이디어를 낸 선생님은 분명 창의성이 뛰어난 분일 것이다. 내가 교사가 되었을 때 놀이처럼 재미있는 수업에 대한 발상을 여기서 얻었다고 해도 과언이 아니다.

과학 교사 중에 외모가 유난히 돋보이는 친구가 있다. 헤어스타일과 복장도 세련됐다. 외모 가꾸기를 학생들에 대한 예의로 생각한다는데, 이런 노력 덕분인지 교원평가 서술형에 '선생님 짱 멋있어요!'가 항상 등장한단다. 물론 수업 자체에 대한 칭찬도 동반한다.

김○숙 선생님은 6학년 여학생들 사이에서 최고로 멋있는 선생님으로 통했다. 화장한 듯 만 듯 청순한 얼굴에 단아하게 빗어 넘긴 긴 머리가 매력적인 선생님으로 다른 학년의 담임을 맡으셨다.

교대를 나온 친구들의 말에 의하면 젊을수록 난이도가 높은 매스게임 지도를 맡게 된다고 했다. 70년대는 더더욱 그랬으리라. 김○숙 선생님이 6학년 부채춤 지도교사라는 소식을 듣고 여학생들이 뛸 듯이 기뻐하였다. 학급에 전달사항이 있으면

서로 선생님 심부름꾼을 자처하며 다툴 정도였다.

6학년에서 고전무용학원에 오래 다닌 아이가 두 명인데, 우리들이 어색한 동작을 반복하면 선생님이 그들을 단상으로 올라오라고 하여 시범을 보이도록 하셨다. 얘들은 부채 하나를 펴고 접는데도 어쩌면 그렇게 자연스럽고 우아할까? 게다가 가만히 서 있을 때도 한 발은 약간 앞으로, 다른 발은 뒤를 밟았다. 아이들은 그 동작마저도 따라 하려고 애썼다.

잘해보자고 서로 독려하며 연습을 이어 나갔다. 그런데 시간이 흐를수록 뒤로 빠져 꾀를 부리는 아이들이 생겨났다. 비록 소수였지만 그들 때문에 흐름에 맥이 끊어지곤 했다. 5학년 때까지는 상상도 못 할 일들이 반복되더니, 급기야 두 학년의 운동장 연습 시간이 겹쳐졌다. 상황 파악이 된 선생님이 단상에서 내려와 교실로 향하셨다.

연습 시간을 제대로 지키지 않은 아이들에 대한 원망으로 순간 분위기가 험악해졌다. 좀 전에 선생님이 눈물을 보이셨다는 말까지 나왔다. 친구들 몇 명과 함께 김○숙 선생님이 담임으로 계시는 교실로 찾아가서 그들을 대신하여 용서를 빌었다. 선생님은 속상한 내색을 보이지 않고 담담하게 우리를 맞이해 주셨다. 다행히 이날 이후로 힘들다고 개인행동을 하는 아이들이 더는 나타나지 않았다.

오랫동안 준비하고 마음 졸이던 시간이 찾아왔다. 운동회의 마지막 공연은 6학년 여학생들의 고전무용이다. 이날을 위해 무려 6년을 기다렸다. 우리는 양손에 부채를 잡고 음악 소리에 귀를 기울이며 시작 신호를 기다렸다.

'한강수라 깊고 맑은 물에 수상선 타고서 에루화 뱃놀이 가잔다.'

한강수 타령 노래에 맞추어 화려한 부채춤 공연을 펼쳤다. 중간중간 박수가 쏟아졌다.

6학년(혹은 5학년?) 때는 한글날에 운동회를 하고 다음 날 쉬었던 것으로 기억한다. 아버지께서 막내의 마지막 운동회라고 다녀가셨다. 어머니는 특식을 준비하여 찬합에 김밥과 간식을 몇 단씩 담아오셨다.

안동의 학교에 재직할 때 58년생 개띠 선생님이 어릴 적 체육대회 이야기를 들려주셨다.

'장남의 체육대회를 앞두고 장에 다녀오신 어머니의 바구니에는 흰 고무신이 들어있었다. 고대하던 체육대회 날이 밝았고 늘 그랬던 것처럼 학급대표 달리기 선수로 선발되었다.

평소 신고 다니던 낡은 검정 고무신 대신 새것으로 갈아 신고 뛰었는데 하필이면 트랙을 반쯤 돌다가 고무신이 벗겨졌다.

그래서 쏜살같이 왔던 길을 되돌아가서 흰 고무신을 품에 안고 달렸다. 그 바람에 1등을 놓치고 말았다. 화가 난 선생님에게 심하게 야단을 맞으면서도 흰 고무신이 무사하다는 사실에 안도의 한숨을 내쉬었다.'

나와 동갑내기 친구의 체육대회 풍경 역시 낯설다.

'시골 학교 체육 대회가 열리는 날 마을 주민들은 학교 운동장에 큰솥을 걸어놓고 돼지고기 국밥을 끓였다. 그래서 체육대회 하면 만국기가 휘날리는 교정과 더불어 구수한 돼지국밥 냄새가 떠오른다.'

젊은 세대들에게 나의 운동회 이야기도 외계어로 들리겠다. '매스게임을 왜? 누구에게 보여주려고?' 혹시 이런 이유로 매스게임이 폐지되었을까? 요즘에는 대부분의 학교에서 운동회가 오전에 끝난다고 초등학교 교사 친구가 전해주었다. 프로그램도 무척 단순해졌단다. 합리적인 기준의 판단이 때로는 아름다운 추억을 사라지게 할 수도 있다는 생각이 드는 것은 나만의 기우杞憂일까.

가정방문

가정방문을 앞두고 학교에서 가정환경을 묻는 안내문이 배부되었다. 할머니, 부모님, 그리고 형제들을 기록하려면 가족란의 칸이 꽉 찼다. 대가족이 흔한 시절이었는데도 그랬다.

학교로 제출하는 서류들은 모두 아버지께서 작성해주셨다. 학창 시절, 이거 누가 쓰셨느냐는 선생님들의 질문을 흔히 받았다. 아버지의 글씨는 획 하나하나가 예사롭지 않아 눈에 띄었을 것이다.

가정방문에 대비하여 특별 간식인 양과자를 준비하는 일은 어머니의 몫이었다. 유림약국 건너편에 있는 건물 주인이 운영하는 제과점에서 밤 모양의 과자를 비롯한 수제 과자를 저울에 달아 팔았다. 동네 사람들이 그것을 양과자라고 불렀다.

약속이나 한 것처럼 선생님들은 양과자를 거의 드시지 않고 떠나셨다. 싸드린다고 해도 마다하셔서 막내인 나의 몫으로 남았다. 아끼느라 한 번에 먹지 못하고 끝에서부터 조금씩 베어 물었다.

선생님이 우리 집에 오신다는 사실만으로 좋았다. 이제나저제나 오시려나, 몇 번이고 대문을 열고 밖을 내다보았다. 그러는 사이 가슴이 콩닥콩닥 뛰었다.

3학년 때 선생님은 우리 집 다음에 민국이네로 가신다고 하여 직접 모셔다드렸다. 주야네 점방과는 작은 길 하나를 사이에 두고 마주 보는 집이다. 선생님과 동행하는 짧은 시간 동안 얼마나 기뻤는지 모른다. 4학년 때 선생님은 우리 집에 두 번 오셨다. 2학기 때는 개인적인 문제를 의논하실 거라고 했다. 아버지를 만나고 마음을 정하셨는지 몇 년 후 중등학교로 옮기셨다.

5학년 초에 봉산동 골목길을 떠나 대봉동으로 이사했다. 안채에 방 4개, 바깥채에도 널찍한 방이 있는 큰 집이다. 반짝반짝 윤이 나는 마룻바닥, 은행나무와 무화과를 비롯한 나무와 예쁜 꽃들이 만발한 화단이 있는 집에 살게 된다니 꿈만 같았다. 가정방문 오신 선생님께서 깨끗하고 조용한 주택이라고 운을 떼셨다.

다음 집은 준수네이다. 택시 운전기사 제복을 입은 준수 아버지가 대문 밖으로 나와 선생님을 맞이하셨다. 공부를 잘해야 할 텐데 걱정이라는 준수 아버지의 나지막한 음성이 밖으로 새어 나왔다. 선생님과 학부모가 서로 깍듯이 예를 갖추던 시절이었다.

6년 내내 어머니의 시작 멘트는 변함없었다.

"막내라고 귀엽게 자라 버릇이 없습니다. 선생님께서 따끔하게 가르침을 주시면……."

선생님들의 답변도 한결같았다.

"아닙니다. 막내답지 않게 의젓합니다."

나의 학교생활은 의젓함과는 거리가 멀었다. 하지만 칭찬을 받았으니 그렇게 행동해야겠다고 다짐하곤 했다.

대학교 2학년 때 최상돈 교수님께서 오셨으니 학창 시절을 통틀어 14번의 가정방문이 있었던 셈이다. 5공 시절에 데모를 막기 위한 문교부의 방침이었을까? 교수님의 가정방문은 아마도 전무후무한 일이 아니었을까 싶다.

우주의 기운을 모은다는 말을 들으면 바로 최상돈 교수님이 생각날 정도로 특별한 내면의 세계를 지닌 분이다. 아버지를 떠나보내고 어머니의 기력이 예전 같지 않았다. 우리 집에 오셔서 모든 상황을 파악하셨던 교수님은, 나의 대학교 시절은 물론이고 박사과정에 진학했을 때도 따뜻한 보살핌과 격려를 아끼지 않으셨다.

교사가 되어 나도 오랫동안 가정방문을 다녔다. 수업을 마치고 걸어서 집집이 찾아다니는 일이 생각보다 힘겨웠다. 게다가 어릴 적에 상상했던 낭만적인 그 무엇과도 거리가 멀었다. 집에 돌아오면 통통 부은 다리를 주체할 길이 없어 끙끙 앓으면서 잠을 청했다. 학기 초마다 70명이 넘는 어린이들의 집을 방문하셨던 초등학교 은사님들을 생각하면 저절로 머리가 숙어진다.

시청각교육 시범학교

동덕초등학교에 다니는 친구의 주요 화제는 급식이었다. '어제는 무얼 먹었고 오늘은 또 무엇이었네.'로 시작되는 메뉴 자랑은 친구들의 부러움을 샀다. 당시 동덕초등학교는 급식 시범학교였다.

「시청각교육 시범학교」 우리 학교 교문 옆 벽에 붙어있던 푯말이다. 그 기억은 3학년 때 어린이 TV 프로그램 시청으로 거슬러 올라간다. 우리 반은 매주 시청각실로 가서 바둑이와 꿀꿀이가 주인공으로 등장하는 아침 방송을 보고 소감문을 작성하였다.

규태가 매번 소감문의 끝부분에 '나도 바둑이멘터로처럼 착하게 살 끼다.'라고 썼다. 대구 아이들이 사투리로 대화하다가도 글은 표준어로 쓴다. 규태의 사투리 가득한 문장은 우리에게 유쾌한 웃음을 선사했다.

4학년이 되어 대형 스크린으로 시청했던 총천연색 곤충의 한살이는 숨소리조차 내지 않고 집중했던 감동적인 영상이다. 집집이 텔레비전이 있는 것도 아니고 영화관에 갈 기회마저 드물었기에 곤충의 탈피 같은 역동적인 장면을 어찌 잊을 수 있겠는가?

우리 학교는 주로 재개봉관인 대한극장, 대도극장으로 단체관람을 하러 갔다. 2018년 초에 96년 역사를 지닌 만경관이 최신식 복합영화관으로 탈바꿈했다는 뉴스를 접하였다. 5학년에 올라오면서 나와 같은 반이 된 친구의 아버지가 만경관 극장 사장님이다.

생애 첫 단체관람 영화는 2학년 때 아카데미극장에서 보았던 '왕자 호동과 낙랑공주'로 기억한다. 다소 난해하였던 외화, '목격자'는 4학년이던 1972년에 대도극장에서 단체로 보았다. 주인공인 소녀의 얼굴에 주근깨가 가득하다는 것 외에 줄거리는 잘 이해가 되지 않았다. 그러나 승용차에서 전화기를 사용하는 장면은 놀라웠다. 어떻게 전화선도 없이 차 안에서 통화가 가능하단 말인가?

문화 교실(당시 학생 단체관람 영화를 그렇게 불렀다.) 외에도 학교 강당에서 영사기를 돌려 '의사 안중근' 같은 영화들을 틀어주었다. 시청각교육 시범학교이기 때문에 학교에서 영화 상영이 가능하다고 했다.

4학년에 올라오면서 두꺼운 종이나 나무로 만든 신호기가 등장하였다. 약 20cm 높이의 삼각뿔 모양 신호기는 바닥을 제외한 삼면이 각각 빨강, 파랑, 노랑으로 채색되었다.

선생님이 수업하다가 어느 순간 멈추고, 알겠느냐고 물으면 우리는 신호기의 한 면을 선생님 쪽으로 돌려놓았다. 파란색은 완전 이해, 빨간색은 모름, 노란색은 알쏭달쏭한 경우에 사용했다.

누가 특별히 기억에 남는 초등학교 시절의 이야기를 들려달라고 한다면 선택하는 데 시간이 제법 걸릴 것 같다. 요즘 용어로 표현하면 학생 참여 수업이 꽤 많았다. 5학년이 되자 토요일은 가방 없는 날이라는 이름으로 향교 방문과 같은 야외 프로그램이 개설되기도 했다.

물질적으로 어려웠고 정보도 발달하지 않았던 시절에 다양한 프로그램을 개발하고 운영하셨던 초등학교 은사님들! 세월이 흐를수록 새록새록 고마운 마음이 더해진다.

도시락

"경부고속도로가 개통되었어요. 이를 기념하여 글짓기와 그림 대회가 열립니다."

선생님의 설명을 듣고도 9살 아이는 고속도로가 무슨 뜻인지 감이 오지 않았다. 내일 학교 대표로 글짓기 대회에 나가야 한다는 말은 알아들었다. 그러고 보니 열흘쯤 전에 글짓기 숙제가 있었다. 나는 어머니를 주제로 시를 완성하였고, 선생님은 잘 썼다는 칭찬과 함께 수업 시간에 낭송해주셨다. 그때 내 글이 뽑혔던 모양이다.

가정연락부에 선생님께서 직접 대회 안내문을 써 주셨다. 준비물인 원고지와 차비 20원보다 도시락이라는 단어가 눈에 먼저 들어왔다. 대회 장소는 경부고속도로가 지나가는 대구와 경북의 경계면으로 꽤 멀었다. 집중하여 글짓기를 완성해야 하는데 경부고속도로의 의미는 제대로 파악이 되지 않은 채 가방에 든 도시락에 온통 신경이 쓰였다.

3학년이 되자 오후수업이 있는 날에는 도시락을 가져갔다. 선생님 점심은 식모 언니가 배달했는데, 주로 국수를 삶아왔다. 남자 아이들 중에서도 식모를 통해 도시락을 전하는 집이 있었다. 당번이 돌아오면 오전수업이라도 도시락 지참이 필수이다. 친구들이 하교한 후에 선생님과 겸상을 하는데, 그 자리가 어찌나 어렵던지 목에 밥이 넘어가는 소리가 꿀꺽 하고 들릴 지경이었다.

점심을 먹고 나서 선생님의 요청에 따라 공책을 펴고 구구단을 썼다. 학기 초에 모두 맞추는 걸 보면 똑똑한 아이라고 칭찬해주셨다. 그때는 2학년을 마칠 때까지 2단과 5단만 배웠다.

대봉성당 뒤쪽에 사는 미화라는 친구와 자주 어울렸다. 하루는 방과 후에 자기 집으로 가서 함께 숙제하자고 했다. 집에 들어서면서 엄마에게 인사하는 나를 같은 반 부회장이라고 소개하였다. 숙제를 마치고 나오면서 오늘 남겨온 도시락을 먹을 건데 깜빡 잊었다는 말을 몇 번이고 반복하였다. 학교 급식에서 나온 귀한 음식을 다 먹지 않고 무심히 잔반통에 버리는 아이들을 보면 예전의 미화 생각이 난다.

4학년부터는 도시락을 가져가는 날이 늘어났다. 우리 교실은 동향이어서 그런지 유난히 난로가 문제를 일으켰다. 연통으로 역류하여 들어온 바람이 난로를 지나 교실 안으로 번질 때면 선생님 얼굴이 새까맣게 변했다. 난롯불을 피우다 오전이 다 갈 정도로 애를 먹이는 날도 있었다.

난로가 아무리 말썽을 부려도 선생님은 우리들의 도시락을 따뜻하게 데우는 일을 멈추지 않으셨다. 하루는 토스트를 가져왔는데 난로 위에서 도시락의 위치를 바꾸던 선생님이 고개를 갸우뚱하더니 뚜껑을 여셨다.

"왜 이리 가볍나 했네. 하나만 먹어보자."

자취하는 총각 선생님이어서 그랬을까. 도시락보다는 학교 근처 중식당에서 주로 짜장면을 배달시켜 드셨다. 60년 넘게 같은 자리를 지킨 그 식당은 지금도 영업 중이다.

중학교 입학 전까지만 하더라도 설탕은 무척 귀한 재료에 속했다. 그래서인지 멸치볶음이나 감자조림 같은 반찬에 설탕이 들어가면 윤기가 살아나고 감칠맛이 더해졌다.

초등학교 다닐 때 친구 집에 갔더니 배가 아프다면서 흔들어도 소리가 나지 않는다고 광고하는 약을 찾았다. 어린이가 어른 약을 먹는 것도 이상하지만 증세와도 맞지 않아 의아했다. 그런데 통 속에는 약이 아니라 설탕이 들어있었다. 배가 아플 때마다 설탕을 한 숟갈씩 복용하라고 엄마가 챙겨주셨단다. 부잣집 아이들은 각설탕을 학교에 가져와서 자랑하며 먹기도 했다.

아버지께서 예식장에 가시면 답례품을 받아 오셨는데 어머니는 설탕, 나는 카스텔라를 원했다. 영화관에서 상영하는 광고는 설탕이 보석처럼 찬란하게 빛나는 장면을 보여주었다. 거기에 에코 음향을 살려, '○○표~ 설~탕 탕 탕 탕' 소리가 영화관 가득 울렸다.

어머니는 새벽마다 큰솥에 쌀을 안치고 대형양푼에 오징어채, 우엉, 멸치, 어묵으로 밑반찬을 만드셨다. 평범한 재료인 감자와 양파를 채 썰어 볶으면 특별한 맛으로 변신했다. 같은 감자라도 큼직하게 잘라 간장과 설탕을 넣고 졸인 것은 고급 반찬 대접을 받았다.

매일 도시락 6개는 기본이고 친척들이 우리 집에 머무는 기간에는 더 늘었다. 납작한 알루미늄 도시락에 밥을 담고 김이 한 번 빠져나간 후에 뚜껑을 덮었다. 그래야만 밥이 쉬지 않는다고 했다. 오빠들 도시락은 사각, 내 것은 둥근 통으로 크기마저 달랐다.

반찬통 뚜껑에는 고리 같은 것이 연결되어, 딸그락 소리와 함께 고정했다. 도시락의 끝부분에 뚜껑 없는 작은 반찬통을 넣은 친구들은 자주 반찬이 흘러 밥과 섞였다. 그렇게 되면 도시락을 흔들어서 섞어 먹었다. 심하면 도시락 밖으로 김칫국물이 흘러 교과서가 얼룩졌다. 그래서 김치를 작은 병에 넣어 다니기도 했다. 나는 도시락 전용 가방을 사용하여 그런 불편을 겪지는 않았다.

도시락 뚜껑을 열었을 때 밥 위에 얇게 편 달걀이 올라있으면 절로 어깨가 으쓱했다. 마호병이라 불리는 보온 도시락은 6학년 말부터 가지고 다녔다.

달걀을 입혀 구운 분홍 소시지! 그것은 아무 때나 누구든지 맛볼 수 있는 반찬이 아니다. 창간호부터 구독한 소년중앙이라는 월간 잡지에 언젠가부터 소시지 광고가 고정 지면을 차지하였다.

꿈은 이루어진다고 했다. 중학생이 되자 내 도시락에도 소시지가 담겼다. 그것도 생일을 비롯한 특별한 날에만. 고기보다 밀가루가 더 많이 들어갔느니, 몸에 해롭다느니, 누가 분홍 소시지를 아무리 험담한다 해도, 학창 시절 도시락 반찬으로 소고기 장조림 다음 순위임은 변함이 없을 것이다.

어머니는 여러 번 학교로 도시락을 가져다주셨다. 아침에 깜빡 잊고 도시락을 챙기지 않거나, 공연히 삐쳐서 시위하듯 두고 오기도 했다. 점심시간에 맞추어 건네주신 도시락을 열면 밥에서 김이 모락모락 올라왔다. 밥을 새로 지어 담아주신 것이다.

중요한 준비물을 빠뜨리고 온 날은 집으로 전화를 걸었다. 교사가 되어 예전의 나와 같은 이유로 어머니를 호출하려는 아이들에게 그러지 말라고 신신당부한다. 나의 철없던 행동을 얼마나 후회하는지 진지하게 말해주면서……. 예고 없이 비가 내리면 우산을 가지고 오셨다. 교문 앞에서 기다리시던 어머니와 함께 우산을 쓰고 집으로 걸어오던 기억이 아련하다.

학력고사 날 점심시간에 반찬통을 열었더니 소고기 장조림과 소시지가 김치 옆에 가지런히 놓여있었다. 소시지에서는 고소한 냄새가 풍겼다. 특별한 날이라고 식용유가 아닌 참기름을 둘러 구우셨던 모양이다. 예민해져서 밥을 잘 넘기지 못하는 친구들과 달리, 나는 도시락을 싹 비웠다. 덕분에 점심 먹고 치른 영어 시험에서도 최상의 컨디션을 유지하였다.

학력고사를 앞두고 아버지는 대학병원에 입원 중이셨다. 전날 집으로 오셔서 깜깜한 새벽에 일어나신 어머니는 막내의 도시락을 준비하는 동안 무슨 생각을 하셨을까?

큰 바위 얼굴

동네에서 그리 멀지 않은 곳에 위치한 중앙초등학교와 부속초등학교는 우리에게 제2의 놀이터 역할을 톡톡히 했다. 전교생이 교복을 착용하는 부속학교에 입장할 경우, 다른 학교 어린이 표가 나므로 거기는 주로 주말에 찾아갔다. 교내 풀장에서 수영하고 공립학교와 다른 교과서를 사용하는 부속초등학교 아이들이 특별한 세상 사람들처럼 보이기도 했고 한편으로는 부러웠다.

하루는 친구들과 함께 학교가 아닌 방천시장 근처에 있는 놀이터로 향했다. 처음 찾아간 그곳은 몇 개뿐인 오래된 놀이기구가 삐걱거렸다. 게다가 화장실은 문을 열기도 민망할 정도이다.

집에 돌아와서 큰오빠에게 놀이터에서 있었던 일을 세세히 전했다. 오빠는 보고 느낀 점을 글로 표현해보라고 권하면서 원고지를 가져다주었다. 책상을 펴고 낮에 경험한 일과 내 생각을 또박또박 정리하여 나갔다. 다음 날 오빠가 그 원고를 매일신문사로 가져갔다.

며칠이 지나자 내 글이 실린 신문이 집으로 배달되었다. 날마다 집으로 오는 신문이건만 이날은 느낌이 사뭇 달랐다. 학교에 갔더니 '3학년 2반 박금우 어린이는……'교내 아침 방송으로 소개되고 있었다. '학교에서 어떻게 알았을까?' 놀란 가슴을 쓸어내리는데, 복도에서 옆 반 선생님과 이야기를 나누시던 담임 선생님이 교실로 들어오셨다.

"미리 선생님들께 보이고 교정을 받았어야지. 네 맘대로 신문사로 보내면 어떻게 하냐?"

칭찬을 기대했는데 무색해지는 순간이었다. 한 번의 당황스러운 경험은 있었지만, 이분이 좋은 선생님이라는 생각에는 변함이 없다.

몸이 유난히 약했던 3학년 선생님이 몇 차례 결근하시더니, 어느 날 낯선 선생님이 들어오셨다. 책걸상을 들고 지정해준 반으로 가라는 말을 들은 우리는 어리둥절한 채 헤어졌다.

한 반에 70명이 넘는데 다른 반 아이들까지 나누어 맡은 선생님들은 얼마나 힘드셨을까? 요즘에는 교사가 병가에 들어가면 다른 선생님으로 대체되지만, 그때는 이런 방법으로 해결했나 보다.

기존의 아이들이 빽빽하게 앉아 있는 교실에 덤으로 들어간 우리는 뒷벽에 몸이 닿은 채로 수업을 받았다. 이런 상황이 두 달 정도 지속되었던 것 같다.

임시 담임은 후덕한 외모의 남선생님이었는데, 아이들이 질문을 하면 같은 멘트로 응대하셨다.

"참 좋은 질문이구나."

이 말씀이 어찌나 강하게 각인되었는지 교사가 되었을 때 나도 모르게 같은 표현을 하는 자신을 발견하곤 한다.

이분에게 특별한 점이 또 있다. 어떤 상황에서도 화를 내지 않았다. 분노를 터트리는 대신에 차근차근 설명을 이어갔다. '아! 10살짜리도 감정을 빼고 논리정연하게 말하면 알아듣는구나.' 선생님을 만나지 못하였다면 깨닫기 어려웠을 보석 같은 경험이다.

하루는 갑자기 소나기가 쏟아지는가 싶더니 금세 개었다. 앞산이 가깝게 보이기에 왜 그런지 궁금해졌다. 수업 중에 손을 번쩍 들고 질문 있다고 끼어들기를 하고 말았다. 야단맞을 상황을 자초한 셈이다. 그러나 선생님은 참 좋은 질문을 하였다고 칭찬하신 다음, 빗물에 먼지가 씻겨 먼 산이 가까이 있는 것처럼 선명하게 보인다고 설명해주셨다. 막연하게나마 과학자가 되고 싶은 꿈이 3학년 임시 담임 선생님으로부터 시작되고 있었다.

4학년으로 올라와 교내 방송부에서 활동을 시작하였다. 오랜 기간은 아니었지만 원고를 쓰고 마이크 앞에서 부원들과 호흡을 맞추어 아침 방송을 하였다. 방송부 지도교사가 바로 이○자 선생님이다.

얼굴 가득 미소를 머금은 선생님의 첫 마디는 항상 '안녕!' 인사로 시작했다. 우리들의 활동이 서툴거나 원고 내용이 부족하여도 질책하는 법이 없었다. 이 부분을 조금만 수정하면 더 좋은 글이 되겠다는 식으로 말씀하셨다.

그 무렵 나는 글쓰기에 소질이 있는가 보다 생각하며 살았다. 그러나 학창 시절에 받은 상장 가운데 글짓기 부문은 하나도 없다. 흔한 독후감 상조차 받지 못하였으니 대단한 착각을 한 셈이다.

초등학교를 졸업하고 40년이 지나 이○자 선생님 반이던 친구를 만났다. 얘가 들려준 선생님의 이야기는 이랬다. 한 번도 주목이라는 단어를 쓰지 않고 이렇게 말씀하셨단다.

"누가 바른 자세로 앉았을까요? 미정이가 예쁘게 앉았네요. 아! 수철이도 선생님을 바라보네요."

일 년 내내 부족한 점을 지적하는 경우가 없었는데도 선생님 말씀에 집중하였고, 선생님 칭찬 들으러 학교에 가는 행복한 날들이었다고 했다.

3학년 임시 담임 선생님과 이○자 선생님은 어린이들에게 무한한 꿈을 심어주신 진정한 큰 바위 얼굴이었다. 과학과 글쓰기 분야에 별다른 소질을 보이지 않던 나의 미래를 바꾸어 주신 분이기도 하다. 선생님과 인연이 되었던 수많은 제자들이 희망이라는 단어를 기억하며 살고 있으리라. 임시 담임 선생님의 모습과 수업하시던 장면은 기억 속에 선명한데, 성함이 생각나지 않아 죄송한 마음 금할 길이 없다.

30년 넘게 교사로 재직하면서 큰 바위 얼굴이 되기에 부족함이 없는 선생님들을 만난 나는 복이 많은 사람일 것이다. 실명을 거론하며 구체적인 사례를 들어보라고 하면 소책자 한 권에 담을 정도의 분량은 나오지 않을까 싶다.

이분들에게는 힘이 있는 곳으로 몰려가지 않고, 이익을 도모하기 위한 라인을 만들지 않는다는 공통점이 있다. 또한 몸은

꿈쩍하지 않고 말만 그럴싸하게 하는 사람들과 대조되는 모습을 보인다. 내가 존경하는 과학 선생님 두 분의 좌우명은 의외로 평범하다.

'교직은 천직이며 소명의 자리이다.'

'뿌리 깊은 나무는 바람에 쉬이 흔들리지 않는다.'

국경일

'강산도 빼어났다 배달의 나라 긴 역사 오랜 전통 지녀온 겨레……'

과학실 청소 당번 학생들을 기다리며 혼자 흥얼거리고 있는데, 아이들이 도착했다. 무슨 노래인지 궁금하다고 하여 알려주었더니 그런 노래도 있냐면서 반문한다.

교실로 돌아간 아이들이 낯선 노래 이야기를 전해서일까. 종례 시간에도 같은 질문을 받았다. 예전에는 삼일절, 제헌절, 광복절, 개천절, 한글날을 국경일로 기념하고 국군의 날도 공휴일이었다는 말에 학교에 가지 않아서 좋았겠단다. 기념식을 하러 등교했다고 하니 고개를 갸우뚱거리며 신기하다는 반응이 나온다.

내가 교사가 되고서도 여러 해를 국경일에 등교하였다. 주로 오전 10시에 기념행사를 시작하여, 해당 국경일 노래 부르기로 막을 내렸다. 학창 시절 음악 시간에 국경일 노래를 줄줄이 외워야 했고, 도덕 시험 문제에 가사 적기가 나왔다. 지금도 애국가 4절까지 기억하는데, 1절만 시험을 본 국경일 노래 정도야 가사를 찾지 않고도 바로 쓸 수 있다.

기미년 삼월 일일 정오…… (삼일절), 우리가 물이라면 새암이 있고…… (개천절), 흙 다시 만져보자 바닷물도 춤을 춘다.…… (광복절)

초등학교 저학년일 때는 광복절이 지나도 부모님의 고향인 예천에 머물 때가 많았다. 그래서인지 광복절 기념식에 참석했던 기억은 가물거린다. 혹시 방학이어서 학교에 가지 않았던 걸까? 1974년 광복절 기념식 실황을 대봉동 집에서 TV로 보았으니까 그런 것 같기도 하다. 그날 육영수 여사가 저격당하는 안타까운 장면이 전파를 탔다.

부지런한 아이들은 여름방학 내내 학교 운동장으로 가서 조기 체조를 하였다. 조기 체조란 새벽에 하는 맨손 체조이다. 초등학교 운동장에서 지도 선생님의 구령에 맞추어 체조를 마치면 출석 카드에 도장을 찍어주었다.

새벽에 정해진 구역으로 가서 청소하는 조기 청소도 있었는데, 이것은 방학보다는 주로 평일에 이루어졌다. 중학생이 되어서도 한 학기에 몇 번씩 대봉동 순복음교회 근처에서 청소했던 기억이 난다. 조기 체조가 선택이라면 조기 청소는 필수였고, 선생님들도 구역별로 배정되었다.

방학 때 시골의 친척 집에 머물면서 그 지역 학교의 조기 체조에 빠짐없이 참여하고 개학식 날 확인서를 제출하는 부지런한 친구들도 있었다. 나는 친척 중에 새벽마다 읍내의 학교까지 걸어가서 조기 체조를 하고 오는 아이가 있어 그나마 몇 번 동행하였다.

요즈음 국경일 기념식에 등교하라고 하면 어떤 반응이 나올까? 수업이 있는 학기 중에도 체험학습 간다고 떠나는 세상에 어림없는 일이겠다. 기념식에 참석한 일도 추억이냐고 묻는다면 그렇다고 대답하겠다.

초등학교 고학년 때 개천절 기념식을 마치고 돌아오는 길에 친구들과 동네를 누비며 태극기를 달자고 외쳤다. 비록 선생님께서 시켜서 한 일이지만 집마다 호응이 좋아 뿌듯하였다.

세월이 한참 흐른 후에 봉산문화거리 근처 골목을 지나다가 대문이 예전 모습 그대로인 집 앞에서 잠시 걸음을 멈추었다. 꼬마 숙녀들이 태극기를 달라고 하니 그래야겠다던 40여 년 전의 주인이 곧 대문을 열고 나올 것만 같았다.

고등학교에 진학하고부터 2학기 중간고사가 국경일을 끼고 돌아왔다. 노는 것도 아니고 그렇다고 공부하는 데 제대로 집중이 되지 않는 어중간한 상태에서 늦게 찾아온 사춘기마저 겹쳤다.

개천절에 우리 집으로 오신 외할머니께서는 오랜만에 만난 어머니와 두런두런 이야기를 나누셨다. 오후가 되자 어머니의 일손을 덜어주려고 그러셨는지 이불 홑청 잡아당기기를 시작하셨다.

어릴 적에 어머니는 풀을 먹인 홑청을 할머니와 마주 보고 잡아당기셨다. 두 분이 어찌나 손발이 척척 맞는지 볼수록 신기하였다. 철이라고는 없는 나는 홑청 아래에 들어가 누운 채로, "문 들어온다. 바람 닫아라." 하면서 까불거렸다. 그 말의 출처는 알 길이 없으나 당시 유행한 개그의 일종이다.

시험을 앞두고 잔뜩 예민해져 공연히 어머니에게 툴툴거렸다. 다듬이 소리가 신경이 쓰여 공부가 되지 않는다는 말에, "너는 너의 일을 하고, 나는 나의 일을 하면 되지 않겠느냐."고 하실 뿐 다듬질을 멈추지 않으셨다. 모름지기 일에는 때가 있다는 말씀을 덧붙이면서…….

한글날에 부모님이 외할머니를 모시고 외출하셨다. 빈집에 홀로 남은 나는 시험공부를 시작하였다. 다듬이 소리도, 외할머니와 어머니의 대화도 들리지 않는 공부하기에 안성맞춤인 환경이 된 셈이다. 마루에 상을 펴고 국어 문제집을 풀어나가다가 문득 하늘을 올려다보았다. 눈부시게 파란 하늘에 뭉게구름이 둥실, 바람에 실려 이동하는 모습을 보는 순간 울컥하고 말았다. 도대체 사람이 산다는 것은 무엇이며 나는 어디에서 왔다가 어디로 가는 것일까? 생각이 꼬리를 물고 이어지는데 시험공부가 될 리 만무하다.

17살 한글날에 얻은 깨달음은 이랬다.

'공부에 방해가 되는 요인은 다듬질 소리 같은 외부 환경이 아니라 마음에서 시작된다.'

개천절에 오셨다가 한글날 다음 날 예천으로 떠나신 외할머니께서는 5년이 지난 후 개천절을 보름 앞두고 하늘의 별이 되셨다.

소리에 특히 예민한 나에게 깨달음을 준 다듬이가 지금은 내 집의 거실에 있다. 부모님 집이 재개발로 허물어지기 전에 조카 훈이가 TV와 함께 광주로 실어다 주었다. 할머니로부터 물려받았다는 다듬이는 50년 넘게 자신의 소임을 다하였으니 이제는 쉬어간들 어떠리.

빚쟁이가 찾아온 날

평소 말이 고운 친구가 중학생 딸에게 큰소리로 야단을 치고 있었다. 이유인즉 마트에 심부름을 보냈더니 은근슬쩍 잔돈을 가로채더라는 것이다. 언제부터인가 용처가 불분명한 돈을 쓰고 다녀서 이번 기회에 교육 단단히 해야겠단다.

또 다른 친구도 딸이 5학년이 되면서 씀씀이가 헤퍼지고 때로는 거짓말로 용돈을 타가는 통에 남편과 진지하게 상의 중이란다.

아이들은 대체로 4학년이면 그들만의 리그가 형성된다고들 한다. 나도 4학년 무렵부터 친한 그룹이 생겨 함께 어울렸다. 친구 중에 정화와 수희와는 서로의 집으로 오가며 숙제를 하고 대구고등학교 옆에 있는 경북도서관에도 함께 다녔다.

정화 아버지는 공장을 경영하는 사장님인데 안채는 가정집, 바깥채는 공장인 큰 집에서 살았다. 대문을 나서면 이웃집이 있고, 그 집의 아래채에 부엌이 딸린 방을 세 얻었다. 안채는 공장의 기계 돌아가는 소리가 크게 들려 언니의 공부방이 필요했단다. 그 방이 평일 낮에 우리들의 모임 장소로 안성맞춤이었다.

대구상고 앞에 사는 수희네 집에 가면, 가게가 딸린 방에서 함께 숙제하거나 다락방으로 올라가서 놀았다. 그런데 문제가 생겼다. 얘들은 용돈이 넉넉했고 나는 그럴만한 사정이 되지 못하였다.

경북도서관 입구의 분식점에서 라면을 40원에 팔았다. 정화와 수희에게는 어렵지 않게 사 먹을 수 있는 라면이 나로서는 부담스러운 금액이다. 그렇다고 나만 먹지 않겠다고 할 수 없는 노릇이어서 언제부터인가 빌려서 해결하였다. 둘 다 인심이 좋아 금세 빌려주었다. 다음에 만날 때 갚고 그다음 번에는 또 빌리고, 돌려막기가 반복되었다.

어느 순간 빌린 돈이 100원을 훌쩍 넘었다. 어머니께 솔직하게 말씀드리려니 야단맞을 것 같아 두려웠다. 함께 어울리자니 돈을 갚아야 하고 씀씀이도 맞추어야 하므로 일단 피하기로 했다.

그것이 근본 해결책일 수는 없었다. 밥을 먹어도 소화가 되지 않고 마음에 평화가 찾아오지 않으니 수업 시간에 집중력이 떨어졌다. '돈 언제 갚을 거냐'는 독촉을 받을 때면 '다음'이라고 했고, 그러면 '언제?'라는 말이 되돌아왔다.

어느 토요일 오후에 요란하게 대문 두드리는 소리가 들렸다. 직감적으로 얘들이 찾아왔을 거라는 생각에 모른 척했다. 아니나 다를까 정화와 수희가 큰 소리로 내 이름을 불렀다. 응답이 없자 집에 있는 거 다 안다며 소리 질렀다. 끝내 밖으로 나가지 않았더니 한참 동안 나를 찾다가 가버렸다. 집에 혼자 있었으니 망정이지 부모님이 계셨으면 어쩔 뻔했나.

그날로부터 거의 40년이 지난 후 초등학교 동창을 통해 수희와 만날 기회가 왔다. 이런저런 얘기 끝에 그때 일을 진지하게 사과하였다. 수희는 전혀 기억이 나지 않으니 마음에 담아두지 말란다. 그동안 별걸 다 생각하고 살았다면서 서울에 사는 정화의 근황을 전해주었다. 그날 저녁 한 끼 사는 것으로 40년 전의 빚을 모두 갚았다고 생각지 않는다. 피하지 말고 당시에 해결했어야 했다.

친구들이 나에게 왜 집값만큼 돈을 모은 다음에 아파트를 사느냐고 의아해한다. 은행에서 융자를 받아 먼저 구매하면, 나중에 아파트값이 올라 융통한 금액 이상의 이익을 본다는 것이 이들의 지론이다. 그렇지만 그 돈도 결국 빚인 것을.

11살 늦가을, 빚쟁이가 찾아오던 날 진퇴양난의 상황을 겪고 난 후 형성된 소심한 경제관이 세월이 가도 요지부동이다. 내 인생에 빚은 없다. 돈이 모자라면 부족한 대로 분수에 맞게 살련다.

합주 대회

어느 TV 방송국 「비정상 회담」이라는 프로그램의 출연자들이 이구동성으로 한 말이 있다.

"학창 시절에 리코더를 배웠다."

미국, 일본, 중국, 프랑스, 독일…… 이 정도면 리코더가 세계적인 악기라고 해도 손색이 없겠다.

내가 다니던 학교도 그랬다. 5학년이 되면서 준비물에 리코더가 추가되었다. 아버지는 문방구에서 파는 보급형이 아니라 중앙통의 악기점에서 꽤 좋은 걸로 사다 주셨다. 학교에서 기초를 배우고 집에 돌아오면 리코더를 입에 달고 살았다. 그랬더니 어느 순간부터 손가락이 자유자재로 움직였다.

초등학교에 다닐 때 바이올린 같은 현악기를 연주하는 아이들이 드물었고, 피아노를 배우는 친구들은 더러 있었다. 혜숙이는 5학년 말에 체르니 40번을 다 떼어, 교습소 선생님이 다른 곳에서 배워 와서 진도를 나가는 형편이라고 했다.

어머니가 초등학교 선생님인 혜숙이는 2학년과 5학년에서 나와 같은 반이 되었다. 학교에서 노상 같이 다녔고 하굣길 동무이기도 했던 그녀는 웃는 모습이 특히 매력적이다. 명석한 두뇌라는 말을 들으면 혜숙이가 바로 떠오를 정도로 머리가 좋은 친구이다. 게다가 이해심이 많아 다른 사람의 입장을 잘 헤아려주었다.

아버지 덕분에 나도 피아노를 배웠다. 체르니 40번을 거의 끝낼 즈음 피아노를 전공하면 안 되겠다는 큰 깨달음을 얻었다. 작곡 분야와 현악기 같은 악기 전공도 곤란하기는 마찬가지일 것이라고 결론 내렸다.

비록 음악적인 재능은 부족하지만, 피아노를 배웠기에 악보를 읽는 데 어려움은 없었다. 그래서인지 고등학교를 마칠 때까지 음악 필기시험에 거의 만점을 받았다. 실기시험에는 건반악기를 선택할 수 있어 고득점이 보장되었다.

5학년 때 개최된 합주 대회는 모두 리코더를 연주했다. 대회가 임박해지면서 리코더를 불며 하루를 시작하였다. 음악 시간은 물론 다른 수업도 일부 합주 대회 연습에 할애하였다. 잠자리에 들면 악기 소리가 귀에 왱왱거렸다.

6학년이 되자 다양한 악기를 연주하는 향상된 합주 대회가 기다리고 있었다. 자연스레 연습 시간이 늘어났고, 학급마다 준비에 공을 들였다. 고대하던 합주 대회가 열리는 날, 무대에 오르기도 전에 어찌나 떨리던지 친구들과 손을 꼭 잡았다.

'솔솔솔 미미미 파파파 레레레 도레미파 솔솔솔 솔솔라시 도도도'

전주곡에 이어, '단풍잎이 아름다운 산으로 가자. 산새들이 노래하는 산으로 가자.'라는 지정곡이 시작되었다.

청아한 실로폰 소리, 가장 많은 인원이 참여한 리코더, 누가 연주자로 선발되는지를 두고 마지막까지 관심이 집중된 작은 북……. 오래 준비하며 애썼건만 입상 학급 명단에 오르지 못한 채 대회가 막을 내렸다.

하청호 선생님 반은 전주곡에서 모든 악기가 동시에 소리를 내지 않았다. '솔솔솔'에 한 악기, '미미미'에 또 다른 악기로 하나의 악기씩 분산하여 연주했다. 우리도 그랬더라면 얼마나 좋았을까? 대회 후에도 아쉬운 마음에 친구들끼리 무수한 말들이 오갔다.

그때는 입상 여부가 중요했고, 나이가 들어서는 대회를 준비하는 과정이 소중했다고 받아들였다. 친구들이 내는 악기 소리에 귀를 기울여야만 전체적으로 조화가 이루어지는, 평범하면서도 당연한 진리를 배웠으니까.

우리 선생님은 아동문학가

"'발표할 사람?' 하면 왼손을 든다. 오른손으로는 책장을 넘기거나 필기를 해야 하기 때문이다. 지금부터 연습을 시작하겠다. 누가 발표할래?"

우리는 일제히 왼손을 들었다. 점심 먹기 전에는 손을 씻기 위해 수돗가로 가서 줄을 섰다. 발표할 때 왼손 들기와 식사 전 손 씻기라는 평생 습관 두 가지가 이때 형성되었다. 교사가 되어서는 수시로 손을 씻는 습관이 추가되었다.

5학년 선생님은 언행에 흐트러짐이 없었고, 공부도 이해하기 쉽게 잘 가르쳐 주셨다. 남학생이 여학생을 괴롭히거나 고무줄을 끊는 일이 없는 거의 유일한 해였다. 학창 시절 가장 질색이던 반복적인 베끼기 숙제가 없어 또 좋았다.

5학년이 되기 전까지 나에게 공부란 수업 시간 참여와 숙제가 전부였다. 친구들과 어울려 노는 재미로 학교에 다녔다고 해도 과언이 아니다. 아버지께서 도서관에서 빌려다 주신 책 읽기 외에는 흔한 학습지조차 받아본 적이 없다. 그러던 내가 선생님 덕분에 스스로 공부하는 습관을 들이고 차츰 재미를 붙였다.

우리 반은 거의 매일 시험을 보고 일정 기간 성적순으로 좌석 배정이 이루어졌다. 알림장에 숙제보다는 시공(시험공부의 준말)이라고 쓰는 날이 더 많았다. 성적이 오르면 자리가 재배치되므로 열심히 공부해야겠다는 동기부여도 되었다. 오늘날 학교에서 이렇게 하면 비난이 쏟아지겠지만 당시는 물론 한참 후에까지도 그랬다. 고등학교에 입학하였더니 2, 3학년에 특설반으로 불리는 학급이 있었다. 특설반은 우리가 2학년으로 진급하면서부터 폐지되었다.

선생님은 우리를 공평하게 대해주셨으며 딱히 흠이 없는 분이었다. 감정을 주체하지 못한 상태에서 아이들을 체벌하는 일도 없었다. 하지만 단호하면서도 냉정한 모습이 화를 내는 선생님들보다 더 무서웠다.

5학년 때 몇 번 조퇴하였다. 집에 가겠다는 말을 꺼내기 쉽지 않았지만, 학기 초 체육 시간에 쓰러진 일이 향후 몇 번의 조퇴 허용 사유가 되었다.

사람이 아플 때 몸보다 마음에서 먼저 시작된다는 사실을 이 무렵 깨달았다. 선생님은 분명 고마운 분이지만 12세 소녀에게 두려운 존재이기도 했다.

가을 소풍날은 마치 겨울이 시작된 듯 유난히 쌀쌀하여 소풍 필수 음료인 사이다를 가져온 아이들이 드물었다. 챙겨온 친구들도 덥석 마시기보다는 땅콩 과자를 사이다에 넣고 거품이 사정없이 올라오는 모습을 구경하는 데 열중했다.

소풍을 다녀오고 나서 다른 반 선생님들이 우리 교실로 오셔서 축하드린다며 인사하는 일이 잦아졌다. 무엇을 축하한다는 뜻일까? 궁금하였지만 누구도 알려주지 않았다. 선생님이 떠나기 사흘 전에야 비로소 수성동의 학교에 학년주임으로 가시게 되었다고 옆 반 선생님이 전해주셨다.

급히 학급 회의를 열어 돈을 거두었다. 그렇지만 선물을 사러 갈 시간은 없었다. 모은 돈을 봉투에 넣고 각자 집에서 쓴 편지와 함께 교문을 나서는 선생님께 드렸다.

친구 영희는 나중에 훌륭한 간호원(간호사)이 되어 선생님의 은혜에 보답하겠다고 쓴 편지 속에 선물로 만년필을 넣었다고 했다. 교문 입구에 두 줄로 서서 선생님을 배웅하면서 모두 펑펑 울었다.

홀연히 선생님이 떠나시고 우리끼리 지내는 동안 회장이 동분서주하며 학급을 이끌어갔다. 그리고 일주일이 지났을까? 아침에 교실 문이 드르르 열리더니, 큰 안경을 쓰고 미소를 머금은 젊은 선생님이 교감 선생님과 함께 들어오셨다. 우리들의 시선이 일제히 선생님 쪽을 향하였다. 여러분들의 담임 하청호 선생님은 아동문학가이자 시인이라고 교감 선생님께서 소개해 주셨다.

이때부터 평소와는 다른 낯선 학교생활이 시작되었다. 아이들은 선생님의 눈에 띄려고 애썼다. 전에는 은연중에 눈에 잘 띄지 않으려고 조심하던 것과 정반대이다. 우리와 부드러운 시선이 마주치는 순간 선생님은 칭찬거리를 찾아내셨다.

"미숙이는 글씨를 참 정성껏 쓰는구나."

"경필이가 닦은 바닥은 유난히 광택이 나네."

비록 필체가 좋지 않은 아이들이라도 또박또박 쓰려고 노력했고, 청소를 열심히 해도 칭찬받는다는 사실에 희망을 품었다. 그것은 능력과 무관한 일이기 때문이다.

성적순으로 앉은 자리도 키순으로 재배치하였다. 그렇다고 수업 분위기가 흐트러지지 않았다. 사례를 많이 들어주셨고 재미있게 수업하셔서 선생님의 농담마저도 귀에 쏙 들어왔다. 1

학기 초부터 교탁 위에 자리 잡고 있던 무시무시한 매가 어느 순간 사라졌다.

공부하는 습관이 형성되어 가던 나는 새 담임 선생님의 칭찬에 힘입어 더욱 재미를 붙였다. 어떤 질문이든 할 수 있는 분위기에다 척척 답변해 주시니 신이 날 수밖에. 교내 시험은 물론이고 일제고사 같은 외부 시험에서도 향상된 결과가 나왔다. 5학년을 마치면서 학업 우수자에게 수여하는 상을 받았다. 이로 인해 공부에 무한 자신감이 붙었다.

6학년 진급을 앞두고 제발 하청호 선생님 반이 되라고 빌고 또 빌었건만 층마저 다른 반이 되고 말았다. 그래도 희망은 있다. 요즘 용어로 하면 창의적 체험활동 동아리 시간에 문예반이 있기 때문이다. 선생님의 문예반에는 무척 많은 아이들이 지원하여, 자신의 걸상을 가져가서 앉아야 할 정도로 교실이 꽉 찼다.

"지금 밖에 비가 오는구나. 그렇다면 오늘의 주제는 비로 해볼까? 글쓰기는 특별한 규칙이 없어. 여러분 마음이 가는 대로 자유롭게 표현하면 되는 거란다."

아동문학가 선생님께서 글쓰기에 규칙이 없다고 하신다. 그럼 자연스럽게 표현하면 되겠네. 우리가 한 명씩 시를 발표할 때마다, 선생님은 칭찬 한마디씩을 보태셨다.

나뭇잎에 붙어있는 빗방울이 아래로 또르르 떨어지는 모습을 악보의 음정 변화로 비유하여 표현한 미혜는 폭풍 칭찬을 받았다. 얼마나 부러웠는지 모른다. 어떻게 하면 나도 미혜처럼 쓸 수 있을까?

초등학교를 졸업하고 20년이 더 지난 어느 날, 나는 꿈속에서 어디론가 걸어가고 있었다. 교문을 통과하여 현관으로 들어서자 풍성한 식물나라가 펼쳐졌다. '이렇게 아름다운 나무와 꽃들을 누가 가꾸었을까?' 궁금하여 가까이 다가가는데 학급 푯말이 보인다. 교실 문을 열고 들어섰다. 세상에 이런 일이! 그곳에 하청호 선생님이 계신다.

잠에서 깨어나 바로 선생님께서 재직하시는 학교를 알아보았다. 한 달 후에 학교로 찾아갔을 때 꿈에서 본 장면과 같은 복도를 지나 같은 교실에서 선생님을 뵈었다. 방송을 통해 동산초등학교의 영상을 보았다거나 가본 적이 없는데 어떻게 그런 일이 가능했을까?

공장으로 간 친구

희연이는 건들바위 근처 가겟집 딸이다. 늘 어두운 표정을 지은 채 친구들과 함께하기보다 혼자 다녔다. 5학년 때 한 반이 되면서 조금씩 이야기를 나누기 전까지는 서로 잘 모르는 사이였다.

"우리 집도 가게 했으면 좋겠다. 매일 맛있는 과자 먹게."

내 말에 대해 희연이는 대답 대신에 고개를 가로저었다.

어느 날 어머니 심부름을 다녀오다 희연이 집 앞을 지났다. 혼자 가게를 지키고 있던 희연이가 웬일인지 안으로 들어오라고 한다. 이야기를 나누는 동안 찾아오는 손님은 없었다.

"고무줄 할래?"

"뭐라꼬?"

여학생들이 그룹을 지어 고무줄넘기를 할 때 동참하지 않던 아이였으니 놀라지 않을 수 없었다.

혹시라도 손님이 올까 봐 가게 앞 가로수에 고무줄을 걸고 둘이서 땀이 나도록 번갈아 가며 뛰었다. 고무줄놀이 후에 이 친구와의 관계가 한결 자연스러워졌다.

하루는 쉬는 시간에 희연이가 나에게 할 말이 있다며 다가왔다.

"비밀인데…… 우리 엄마, 계모야."

잠시 어색한 침묵이 흘렀다. 뭐라고 해야 할지 몰라 머뭇거리는 내게 소매를 걷어 팔 뒤쪽을 보여주었다. 울룩불룩한 흉터가 선명하게 드러났다.

"새엄마가 화나면 연탄집게를 달구어 지진다."

심장이 멎는 줄 알았다. 사람의 몸에 달구어진 연탄집게를 대다니. 아무리 계모라지만 그래도 엄마 아닌가.

이 일이 있고 나서 희연이와 더 가깝지도 멀어지지도 않는 그만그만한 사이를 유지하였다. 그러다가 6학년 때 다른 반이 되었고 졸업하면서 헤어졌다.

고입 연합고사를 치르고 친구들끼리 희망하는 학교를 화제로 삼았다. 나는 걸어서 10분 거리에 있는 부속고등학교를 마음에 두었다. 그러나 가장 되지 말았으면 하는 먼 학교로 배정받아 실망이 컸다.

학교에 도착하기도 전에 지칠 정도로 만원 버스에 시달리는 고등학교 생활이 시작되었다. 그날도 무거운 책가방을 낑낑 들고 수도산 쪽에 있는 정류장에서 버스를 기다렸다. 익숙한 듯 낯선 여성 한 명이 가까이 다가왔다. 얼굴이 마주치는 순간 서로 소스라치게 놀랐다.

굵게 웨이브를 넣은 숱 많은 파마머리, 빨간 립스틱, 어색한 정장 차림. 두껍게 바른 파운데이션은 얼굴 아래 어두운 목의 피부색과 대조를 이루었다.

여기에서 버스 타는 걸 보면 이사 가지는 않았나 보다. 그동안 뭐 하느라 바쁜지 얘를 잊고 살았다. 나를 알아본 희연이가 다른 곳으로 시선을 돌렸다. 먼저 다가가서 말을 걸 용기가 나지 않아 도착하는 버스에 올랐다.

나중에 다른 친구에게 희연이 소식을 전해 들었다.

"가그 아이 공장 댕긴다다닌다 카던데."

6학년 같은 반인 순심이의 헤어스타일은 상고머리로 독특했다. 도시에 사는 소녀들은 대체로 방울 달린 끈이나 리본으로 묶거나 땋은 머리를 하고 다녔다. 시골에 가면 앞머리는 내리고 뒤는 바짝 짧게 깎은 모양이 흔했는데, 특이하게도 얘는 시골 스타일을 고수하였다.

방과 후에 고무줄놀이를 권하면 바쁘다고 거절하기 일쑤였다. 순심이가 놀이 대신에 간 곳은 반월당의 골목 입구이다. 거기서 함지박을 놓고 어머니와 교대로 삶은 고디다슬기를 팔았다.

6학년으로 올라오면서 자가용 등교를 하지 말자는 교내 방송이 시작되었다. 한 학급에서 한 명만 자가용을 타고 오더라도 아침마다 70대가 넘는 차가 교문 앞에 정차하는 셈이다. 하지만 대다수 아이에게 자가용은 먼 나라 이야기였다.

교사가 되어서는 현관 입구까지 차를 몰고 오는 학부모를 보고, 다른 집 자녀들에 대한 배려가 없는 모성애가 무슨 의미가 있겠냐는 생각을 한 적이 있다.

자가용 등교 문제와 더불어 복장 단정을 강조하는 방송도 꾸준히 나왔다. 공주풍의 드레스가 유행하면서 활동하기 편리한 복장으로 등교하자는 권고이다.

당시 모 방송국에서 어린이 연극 「백설공주」를 방영하였는데, 출연진들이 모두 우리 학년에 있었다. 얘들은 수업을 마치고 자가용을 타고 촬영하러 떠났다. 그들이 우쭐대지 않았는데도 눈에 띌 수밖에 없었다. 그런 아이들 사이에서 순심이는 전혀 기죽지 않고 지냈다.

6학년 말 어느 날, 중학교에 안 가는 사람 일어나 보라는 선생님 말씀에 두 명이 일어섰다. 아이들의 시선이 일제히 그쪽으로 향했다. 한 명은 고개를 푹 숙였지만 순심이는 당당했다.

하루는 반월당 근처를 지나다가 얘를 만났다. 주머니를 뒤져 15원을 찾아 다슬기를 달라고 했다.

"안 된다. 20원어치부터 판다."

단호하게 거절하였다.

순심이는 중학교 대신 공장으로 갔다. 어려운 형편에도 당당했고, 생활력이 강한 친구였기에 부유한 모습으로 살고 있을 그녀의 모습을 상상해 본다.

명희와의 추억

6학년 올라와서 짝이 된 명희는 마음씨가 곱고 세심한 배려가 돋보이는 친구였다. 방학 숙제에 포함된 방학 생활 책에 문제가 수록되어 있는데 답지는 없었다. 여름방학이 끝날 무렵 명희 집으로 가서 답을 비교해 보기로 미리 약속하였다.

우리 학교 아이들은 대부분 봉산동과 남산동에 살았다. 그런데 명희 집은 경북대학교 정문에서도 한참 들어가는 곳에 있었다. 8살 무렵 어머니를 따라 정문 근처 친척 집에 가본 적이 있어 아주 낯선 곳은 아니다. 친척 집의 작은 마당에서 내려다본 풍경이 어질어질할 정도여서 높은 지대임을 직감했다. 평소 어머니께서 끓여주신 고깃국과는 달리 빨간색 기름이 가득한 매운 소고깃국, 벽 위쪽을 뚫어 하나의 형광등을 방 두 개에 사용하는 모습 또한 특이하였다.

2번 버스에서 내려 오르막을 따라가니 명희네 가게가 보인다. 가게에 딸린 방을 통해 안으로 들어가면 마루와 다른 방들 그리고 마당이 나오는 구조이다.

서로 답을 확인하고 있는데, 명희 언니가 라면과 큼직한 무김치가 놓인 점심상을 차려주었다. 갑자기 정전되는 바람에 가게 냉동실에 있는 아이스크림 한 통을 다 먹은 적도 있단다. 6학년 때 유난히 정전이 잦았다. 「정화」라는 드라마를 보다가 전기가 나가서 연결 부분을 놓쳤다고 학교에 와서 줄거리를 묻던 친구 생각이 난다.

겨울방학을 앞두고 명희가 자신의 소원을 들려주었다. 졸업 전에 달성공원에 가보고 싶단다. 대구에 살아도 거기에 갈 기회가 없었다는 말에 동행하기로 약속하고 날을 잡았다.

12월의 달성공원은 한적하여 둘만의 추억을 쌓기에 좋았다. 고니들이 유유자적 헤엄치는 연못을 돌며 이런저런 이야기를 나누다가 대만원숭이에게 다가갔다. 창살 가까이에서 인사하는 순간, 잽싸게 다가와 내 장갑을 빼앗아 안으로 들어가 버렸다. 갑자기 원숭이에게 장갑 한 짝을 잃어버린 어이없는 상황에 둘 다 까르르 웃음이 터졌다.

다른 곳으로 이동하려고 가볍게 계단을 내려가다 가속이 붙었다. 성급히 계단 몇 개를 건너뛰며 착지하려는 순간 오른쪽 발목을 심하게 접질렸다. 넘어진 채로 한참을 바닥에 주저앉아 있었다.

순식간에 부풀어 오른 내 발목을 보고 놀란 명희가 집으로 돌아가자는 말을 반복했다. 얘가 얼마나 여기에 오고 싶어 했는데 절반만 보고 갈 수는 없다. 내가 벤치에서 기다리는 동안 명희 혼자 동물원을 둘러보고 오는 것으로 의견일치를 보았다.

"나는 괘안타. 천천히 댕기온나."

시퍼렇게 멍든 발목이 점점 더 부어올랐다. 갈수록 심해지는 통증보다 명희에게 미안한 마음이 앞섰다. 계단을 차근차근 내려왔더라면 다치지 않았을 것이고 명희를 신경 쓰이게 하는 일도 없었을 텐데.

천천히 오라고 당부하였건만 명희는 서둘러 돌아왔다. 우리 둘은 집으로 가는 버스 노선이 달라, 명희가 나를 부축하여 버스에 먼저 태우고 떠났다.

한참을 가는데 점점 낯선 전경이 펼쳐진다. 어쩌나! 반대 방향으로 운행하는 버스를 탄 모양이다. 급히 버스에서 내려 사방을 둘러보니 논밭길이다. 큰길 쪽으로 나가려고 다리를 절룩

거리며 한참을 걸었다. 그때 양 갈래로 묶은 머리를 한 고등학생 두 명이 다가오고 있었다.

"대봉성당 쪽으로 갈라카는데, 어데로 가면 되예?"

"걸어서는 몬 간다. 따라온나. 버스 타는 곳 갈켜줄게."

순간 참았던 울음이 터져 나왔다. 버스를 잘못 타는 바람에 차비가 없어서 걸어가려 한다는 사연을 들은 언니는 내 어깨를 다독이며 걱정하지 말라고 했다.

자신들은 상서여상 2학년인데 자취방에 놀러 온 친구를 배웅하다 나를 만났으며, 우리가 걷는 길이 어디라고 알려주었다. 기억이 가물거리기는 하지만 지금의 팔달시장 근처였던 것 같다. 버스가 도착할 무렵 이미 해가 져서 깜깜했다.

"이거 타면 된다. 내리는 곳은 알제?"

그날 언니들을 만나지 못하였더라면 나는 어떻게 되었을까? 자취생인 언니가 여분의 돈을 갖고 있지 않았으면 또 어떤 상황이 벌어졌을까. 그때는 택시를 타고 집으로 가면 해결된다는 생각은 하지 못하였다. 차비가 없다는 내 말을 외면하지 않고 귀 기울여준 고마운 갈래머리 언니들이 지금은 회갑을 지나 60대 중반이 되었겠다.

"손잡이를 돌리면 은행알이 나온다. 거기에 찍힌 번호가 같다면 같은 중학교로 가는 거다."

선생님 말씀에 귀를 기울이며 우리는 추첨기 앞에서 기다렸다. 드디어 내 차례가 돌아오고, 손잡이를 돌리는 손이 살포시 떨렸다. 명희와 같은 번호이면 얼마나 좋을까. 나의 추첨 결과는 2번이 나왔다.

은행알이 하나씩 떨어질 때마다 여기저기서 환호성과 탄식 소리가 함께 들렸다. 명희와 나는 금방이라도 울음이 터져 나올 것만 같았다. 5번 알을 받은 명희와 어쩔 수 없이 헤어지는가 보다. 놀랍게도 반전이 기다리고 있었다. 2번과 5번 모두 경복여자중학교로 배정된단다.

중학교에 입학하고 새로 친구가 된 현주, 화연이와 어울려 지내면서 1년이 금방 지나가 버렸다. 어찌 된 일인지 3년 내내 명희와 한 반이 되지 않았다. 게다가 서로 뚝 떨어진 교실로, 층마저 달라 같은 건물인데도 만나기가 쉽지 않았다. 수학여행을 가서 함께 찍은 사진을 마지막으로 각자의 일에 몰두하며 살았다. 초등학교 때처럼 서로 얼굴을 마주 보고 앉아 마음을 나누었더라면 좋았으련만.

경북여고를 졸업한 명희가 특수교육과로 진학했다는 말을 나중에 다른 친구에게 전해 들었다. 시내에서 꽤 멀리 떨어진

지저동으로 이사 갔다는 소식도 들려왔다. 하지만 대학교 졸업 후의 명희 근황을 아는 이들은 없었다. 그리운 친구 명희는 지금 어디에 살고 있을까.

졸업반

6학년으로 올라오면서 최고 학년이라는 자부심이 넘쳤다. 여러분들은 자랑스러운 우리 학교의 동문으로, 개교 100주년이 되는 해 훌륭한 사람이 되어 모교를 찾아오라는 교장 선생님의 훈화 말씀을 수도 없이 들었다.

6학년에게만 주어지는 권한도 부여받았다. 1반부터 일주일씩 차례가 돌아오는데, 다른 학교에서는 선도라고 하고 우리 학교는 봉사로 불렀다. 남학생들은 손수레를 끌고 학교 구석구석을 다니며 궂은일을 자처하였다. 교문 지도라는 이름으로 아침에는 등교 인사, 점심시간에는 외출하려는 아이들을 지키는 역할도 주어졌다.

봉사 완장을 차면 공연히 후배들에게 도움이 되는 무언가를 해야겠다는 의무감이 생겨 그들에게 다가갔다.

"좌측통행입니다. 복도에서 뛰면 위험해요."

무게 잡고 말했다. 혼자라면 쑥스러워서 망설였을 텐데 친구들과 함께여서 문제없었다.

자료를 찾아보니 1973년에 제3차 교육과정 개정이 시작되었다고 나온다. 그래서인지 산수 시간에 교과서 외의 내용이 도입되었다. 중학교에 입학하여 새롭게 배울 내용과 6학년 과정 중에 연결이 어려운 부분을 미리 가르치려는 취지인 듯하다. 이행조치라고 불렀던가? 정확한 명칭은 가물거린다. 하여간 새로운 내용의 산수를 배웠고 성적은 점수가 아닌 상중하로 기록되었다. 그런데 선생님께서 가르쳐주시는 새 과정 산수 수업이 우리에게 명확하게 전달되지 않아 의미를 이해하는 데 어려움을 겪기도 했다.

게다가 대부분의 친구들이 좋아하는 체육 시간에 운동장으로 나가기보다 실내 수업으로 대체될 때가 많았다. 저학년 때도 그런 일이 있었지만 원래 그런가 보다 생각했다. 최고 학년이 되어서 그랬는지 아이들이 용감해졌다. 내일 준비물인 체육복을 두고 '하지 않을 거면서'라고 혼잣말을 한 친구가 입만 열면 불평불만이라고 선생님께 호되게 야단맞았다.

선생님이 수업에 좀 더 관심을 두시면 좋겠다는 바람은 있었지만, 반 분위기가 특별히 나빴던 기억은 없다. 남녀로 나뉘어 다투지도 않고 단합이 잘 되는 학급이었다.

여름방학이 되어 수련장의 문제를 풀다가 도저히 이대로는 안 되겠다는 생각에 이르렀다. 작년에는 문제를 읽으면서 바로 답을 달았는데, 뜻조차 파악하기 어려운 문제가 있어 놀랐기 때문이다.

2학기가 시작되면서 학업 문제를 해결해야겠다는 다짐을 실천에 옮겼다. 6학년 과정을 제대로 이해하지 못한 채 중학생이 될 수는 없지 않은가. 우선 교과서를 꼼꼼히 읽고 모르는 것은 전과를 찾았다. 마지막으로 수련장의 문제를 풀어나갔다.

아버지께 부탁드려 다른 출판사의 전과와 수련장도 추가로 구매했다. 틈틈이 앞부분으로 돌아가서 공부하였더니 차츰 가닥이 잡혔다. 그동안 6학년 초반부에서 기초를 놓쳐 어려움이 있었다.

전과에서 영구기관을 어찌나 실감 나게 설명하는지 시간 가는 줄 모르고 빠져들었다. 이론적으로 불가능함을 알지만 나름의 영구기관을 구상하였고, 연습장에 스케치해가면서 상상의 나래를 폈다.

약전골목에 있는 시립도서관에 다니기 시작하였을 때는 10월 무렵이다. 거기에 가면 책을 맘껏 읽을 수 있어 좋았고 게다가 사서 언니가 무척 엄격하여 자그마한 소음도 허용하지 않았다. 4학년 때 친구들과 갔던 학생도서관의 사서와는 정반대 유형이다.

절간처럼 고요한 분위기에서 공부하니 저절로 집중되었다. 그러나 손만 뻗으면 집을 수 있는 책들의 유혹을 뿌리치기는 쉽지 않았다. 수련장을 풀다가도 독서 삼매경에 빠져, 어떤 날은 책만 잔뜩 읽고 돌아오기도 했다.

사서 언니가 캐비닛에서 라면을 꺼내고 전기풍로에 냄비를 올리면 점심시간이 시작되었다는 신호이다. 시립도서관이 나중에 중앙초등학교 근처로 이동하여 고등학생일 때는 거기로 다녔다. 두 도서관 모두 점심시간에 열람실에서 도시락을 꺼내 놓고 먹었다.

중학교 입학을 앞둔 겨울방학에도 거의 매일 도서관으로 향했다. 놀 때는 친구들과 함께, 공부는 나 홀로 집중하기. 이 무렵 형성된 습관이 대학교와 대학원에까지 이어졌다.

1박 2일인 수학여행이 우리 때부터 당일치기로 바뀌었다. 아쉽지만 어쩌겠는가. 경주행 관광버스에 올라 신나게 노래 부르며 출발하였다.

수학여행지에서 평생 잊지 못할 난처한 일을 겪었다. 나름 멋을 부린다고 새로 산 바지를 입었는데, 불국사 계단을 내려오다가 오른쪽 바깥 실밥이 주르륵 풀렸다. 아무리 초등학생이라지만 소녀인데 바지가 뜯어진 채로 돌아다닐 수는 없는 노릇이다. 진영이가 자신이 차고 있던 교표의 안전핀을 떼어준 것을 시작으로 여학생들이 핀을 모아주어 당황스러운 상황이 수습되었다.

진영이는 미스코리아를 꿈꾸는 멋쟁이 친구이다. 큰 키에 이목구비가 또렷하며 외모에 자신감이 넘쳤다. 미스코리아 노래가 있다는 사실도 진영이를 통해 알았다. 그래서 나중에 미스코리아 선발 방송이 나올 때면 혹시 얘가 뽑혔을까 봐 화면을 유심히 살펴보았다.

6년 동안 백 번도 더 불렀을 교가를 마지막으로 교정을 떠났다. 졸업 기념으로 아버지께서 손목시계를 사주셨다. 시티즌 브랜드의 그 시계는 대학교 3학년 때까지 차고 다녔다.

우리 학교와 ○○초등학교가 박치기를 했는데, 그 학교는 담장이 무너지고 우리 학교는 혹뿔혹이 났다는 전설(?)이 구전되어 내려왔다. 혹뿔(건물 중앙의 돔) 속에 무엇이 있는지 궁금했는데 끝내 확인하지 못하였다. 졸업하면서도 친구들끼리 그것을 화제로 삼았다.

초등학교를 떠나고 6년 만에 졸업식에 다시 갔다. 대학교 입학을 앞둔 2월에 친구 영순이와 월숙이가 아르바이트 제안을 하였다. 코르사주를 만들어 초등학교 졸업식장에서 팔아보자는 것이다.

얘들이 손을 몇 번 움직이면 재료들이 금세 화려한 꽃으로 변신할 정도로 손재주가 뛰어났다. 재주라고는 없는 내가 할 수 있는 일은 철사에 줄기 감기 정도이다. 영순이 집에 모여 부지런히 만들었더니 상자 가득 코르사주가 완성되었다. 판매 장소를 두고 의논하다가 나의 모교인 초등학교로 결정했다.

학교 앞에 도착하여 꽃을 꺼내면서, 두 친구의 얼굴이 빨개졌다. 졸업식에 참석하는 학부모들에게 홍보해야 하는데 도저히 못 하겠단다. 그냥 집으로 돌아가자고 했지만 그럴 수는 없다. 재룟값이 얼마인데, 게다가 여기까지 와서 말 한마디 못 해보고 접을 수는 없다.

어디서 그런 용기가 나왔는지 나도 잘 모르겠다. 졸업식장으로 들어가려는 한 모녀에게 다가갔다.

"안녕하세요? 저도 여기 졸업생이에요. 꽃다발 아직 안 사셨

네요. 이 코르사주를 가슴에 달면 어떨까요?"

고맙게도 선뜻 사 주셨다. 한 번이 어렵지 다음부터는 자신감이 붙었다. 상자에 담긴 코르사주를 모두 팔기까지 그리 오랜 시간이 걸리지 않았다. 소심한 성격인 내게 이런 면이 있으리라고는 짐작하지 못하였다. 지금 생각해봐도 신기하다.

판매하고 남은 돈으로 세 명이 함께 경주 여행을 다녀왔다. 재료비를 제하고 여행비까지 빼고도 남은 돈은 각자의 용돈이 되었다. 나의 모교! 이래저래 참 고마운 학교이다.

먼 훗날 부모님을 다시 만나면,
먼저 큰절을 올린 다음
"비록 일찍 헤어졌지만,
책에 담을 만큼 넉넉하고
아름다운 추억을 만들어주셔서 감사합니다."
라고 말씀드리겠습니다.

3부

먼 훗날 다시 만나면

기차 여행

중학교에 입학하기 전까지는 여름방학의 시작과 함께 부모님의 고향인 예천으로 가서 몇 주씩 머물다 오곤 했다.

대구역에서 출발하는 기차를 타려면 어둑한 새벽에 집을 나서야 한다. 택시가 대구역으로 가는 동안 여기저기 집 앞에서 누워 자는 사람들을 흔히 볼 수 있었다. 대구의 무더위는 살아 본 사람들만이 이해할 수 있을 정도로 상상을 초월한다. 집마다 선풍기 한 대가 고작이던 시절에 궁여지책으로 집 밖으로 나와 잠을 청했다. 나무로 만든 평상이라도 있으면 형편이 좋은 집이다. 대부분 종이류를 깔고 누웠다. 택시 기사들도 이런 상황을 염두에 두고 차를 몰았다.

형편이 어려운 사람들이 많다고 하여 범죄 발생률이 더 높다는 생각이 들지 않는 까닭은 어릴 적 집 밖에서 자던 사람들에 대한 기억 때문이다. 그때는 빈부격차가 심하지 않았고 경제적인 수준이 지금과는 비교되지 않을 정도로 낮았다. 그런데도 끔찍한 뉴스가 신문 지면에 등장하는 경우가 드물었다.

서둘러 왔건만 대구역 매표소의 줄은 길었고 오랜 기다림 끝에 기차에 올랐다. 삶은 달걀을 먹고 사이다까지 마셔야 비로소 기차를 탄 기분이 제대로 났다. 식빵도 빠지면 섭섭한 별식이다. 식빵의 테두리를 먼저 뜯어먹고, 폭신한 안쪽 부분은 겹쳐서 입에 넣었다.

건너편에 앉은 아줌마들이 쇼빵으로 불리는 빵을 먹는 장면을 보기 전까지 식빵은 가게에서 파는 그 상표뿐인줄 알았다. 자르지 않은 제과점 식빵이라는 쇼빵은 향긋한 냄새를 풍겼다.

빵을 다 먹은 아줌마들이 통닭을 꺼내는 순간, 객차 안에 닭튀김 냄새가 진동하였다. 깜깜한 새벽에 일어나서 먹을거리를 준비한 어머니의 공력이 통닭 냄새에 묻히는 순간이다. 손으로는 어머니가 마련해주신 음식을 먹으면서도 눈은 자꾸만 통닭 쪽을 향했다.

대구역을 출발한 기차가 바로 다음 역인 지천에 이어 역마다 정차하였다. 낙동강 철교를 지날 때면 오빠들과 함께 '낙동강 칠백 리 아득한 물결……'이라는 출처도 모르는 노래를 불렀다. 일반 철로를 지날 때와 달리 철교 위에서는 철커덩 쓕쓕 소리가 반복적으로 울렸다.

미역귀 튀각이 가득 담긴 큰 함지박을 들고 기차에 오른 아줌마가 검표를 피해 이리저리 자리를 옮기다가 역무원에게 딱 걸렸다. 차비를 내라는 말에 튀각을 한 움큼 집어 내밀자 아저씨가 어이없다는 표정을 지었다. 두 명이 한참 동안 옥신각신한 결과는 아줌마의 승리로 끝이 났다. 차비를 내지 않고 끝까지 버텼기 때문이다.

외판원 아저씨들의 현란한 말솜씨와 파노라마처럼 펼쳐진 품목 구경을 하노라면 기차 여행의 재미가 더해졌다. 가장 기억에 남는 물건은 다기능 망치이다. 이름과는 다르게 드라이버 정도의 크기인데 손잡이의 뚜껑을 열면 끝부분에 연결할 다양한 모양의 쇠가 들어있었다.

뭉툭한 모양을 선택할 때는 망치가 된다. 끝이 뾰족한 것을 연결하면 덩어리 얼음을 깨는 데 안성맞춤인 용도로 변신한다고 아저씨가 강조하여 말했다. 언젠가 둘째 오빠가 혼자 예천을 다녀오다가 이것을 구매하여 한동안 수박화채용 얼음을 깨는 데 일조했다.

다기능 망치가 없을 때는 바늘로 얼음을 깼다. 얼음 위에 바늘을 올리고 숟가락 같은 것으로 바늘 위쪽을 톡 치면 놀랍게도 얼음에 금이 갔다. 가늘고 작은 바늘이 덩어리 얼음을 조각내다니 보고도 믿기 어려웠다.

지금이라도 다기능 망치를 다시 만들어 판매하면 인기 상품이 되지 않을까? 요즘에야 화채용 얼음을 부술 일은 없겠지만 일인 가구가 늘어나니 나름 편리하겠다.

김천역은 오랜 기다림이 시작되는 곳이다. '차량이 서로 바뀌는 관계로'라는 기관사의 안내방송이 나오고 40분 훨씬 넘게 기다리지 않았을까 싶다. 왜 김천역에서 기차가 서로 바뀌지? 기차끼리 미리 시간을 맞추면 되지 않을까? 우리 기차만 오래 기다리는 것 같은데……. 의문이 꼬리를 물었다.

기차 여행은 손 흔들기라는 추억도 남겼다. 마루에서 식사 중인 가족들이 우리를 보고 다정스럽게 손을 흔들고, 들에서 일하는 사람들, 길을 가는 아이들도 잠시 멈추고 승객들과 서로 손을 흔들며 정겨운 인사를 나누었다. 더러는 팔뚝 욕을 하는 엉뚱한 녀석들이 있었지만, 모욕으로 받아들이기보다는 장난이 심한가 보다 정도로 생각했다.

대구역에서 목적지인 가동역까지는 네 시간 넘게 걸렸던 것 같다. 그마저도 자주 연착이 되었다. 지금은 시외버스로 대구에서 예천까지 1시간 40분이면 충분하다. 대구에서 서울까지 KTX로 가는 시간보다 어릴 적 기차가 배 이상 걸린 셈이다. 단축된 시간만큼 사람들은 더 여유로워졌을까? 때때로 그런 생각이 든다.

봉산동 골목길의 새벽을 깨우던 대구역 기적소리는 더는 들을 수 없다. 역전 주변의 화려한 네온사인 불빛도 언젠가부터 사라졌다. 대구역 철로는 여전하건만 최신식 건물이 들어선 주변 경관이 왠지 낯설게 느껴진다.

대구역 광장에서 냉차를 팔던 사람들은 지금 어디에서 무얼 하며 살고 있을까? 동네 냉차는 바가지로 훌훌 저어서 퍼주는데, 여기는 수도꼭지처럼 생긴 손잡이를 돌려서 예쁜 컵에 담아주었다. 대형 유리병에 든 냉차가 분수처럼 위로 솟구치는 모양이 볼수록 신기한데, 배탈을 염려하는 부모님 손에 이끌려 손수레 앞을 그냥 지나쳤다. 한 번도 마셔보지 못했던 대구역전 냉차 맛이 자못 궁금하다.

귀향

"퇴직하면 고향으로 돌아가서 농사짓고 살자고요."

"여기가 고향이지 어디로 간다고 그러십니까?"

어머니는 귀향 이야기가 나올 때마다 아버지와 일찍 이별할지도 모른다는 생각이 들어 불안하셨단다. 귀향에는 몇 년 일찍 퇴직한다는 말이 동반되었기 때문이라고.

나는 아버지가 세상을 떠나신 나이보다 더 오래 학교에 있다. 시간이 흐를수록 명퇴를 결심한 선배 교사들의 심정에 공감이 간다. 예전의 학교라고 하여 수월하지만은 않았으리라. 다시 옛날로 돌아갈 수 있다면 이렇게 말씀드리고 싶다.

"학교를 몇 년 일찍 나오고 싶으세요? 우리를 위해 그만큼 애쓰셨으면 충분합니다. 아버지 하시고 싶은 대로 결정하세요.

저에게 봉산동 골목길이 고향이나 다름없듯이, 아버지는 예천으로 돌아가고 싶으시겠지요?"

인근 마을에서 가장 먼저 기와를 올린 집에서 할아버지와 할머니 그리고 부모님이 함께 사셨단다. 서울에서 대학교를 졸업하고 대구의 고등학교 수학 선생님이 된 아버지와 함께 어머니도 대구에 정착하셨다.

할아버지의 옛 터전은 빈집으로 남았다. 여름방학 때 우리가 찾아가 머물면서 비로소 사람의 온기가 전해졌다. 마당의 무성한 잡초를 뽑고, 쓱싹쓱싹 청소까지 마치면 반짝반짝 윤이 나는 집으로 변모하였다. 때로는 비바람에 넘어진 담장을 새로 쌓기도 했다.

도착하여 첫 끼는 늘 작은어머니께서 준비해 주셨다. 작은어머니는 닭을 쫓아가며 잡는 사람들과는 확연히 구별되는 솜씨를 지녔다. 닭 잡는 순서는 이랬다.

광문을 활짝 열고 모이를 솔솔 뿌린다. 닭들이 꼬꼬댁거리며 작은어머니를 따라 광으로 들어간다. 먹는 데 집중력이 뛰어난 닭 한 마리가 그날 작은어머니 손에 붙잡혀 털이 뽑힌다.

저녁상에 오른 닭고기를 맛있게 먹으면 좋으련만, 당시는 어머니가 만든 음식 외에는 잘 받아들이려 하지 않았다. 귀한 달걀을 부침해 줘도 고개를 젓는 조카가 고울 리 없었을 텐데, 작은어머니는 한 번도 싫은 내색을 보이지 않으셨다.

안동의 학교에 재직할 때 작은어머니께서 호박, 고추, 버섯 등을 바리바리 싸서 자취방으로 찾아오셨다. 늦게 철이 든 나는 어린 시절 철없이 굴어 죄송했다고 말씀드렸다.

“무슨 말을 하는지 도무지 모르겠다. 너희들이 찾아와주어 얼마나 좋았는지 모른다.”

나의 고모님이 그러셨듯이 예천을 떠날 때 작은어머니는 내 손을 꼭 잡고 신신당부하셨다.

“이걸로 필요한 학용품 사서 열심히 공부하고, 우리나라 빛내는 훌륭한 사람이 되어야지.”

작은아버지와 함께 평생 농사를 지어 6남매를 교육한 작은어머니의 손은 거칠었다. 돈을 함부로 쓰지 않는 습관이 몸에 밴 것은 작은어머니께서 주신 500원 지폐의 의미를 일찍 깨달은 덕분이라고 믿는다. 비록 나라를 빛내는 훌륭한 사람은 되지 못하였지만.

가마솥에 지은 밥을 퍼내고 긴 밥주걱으로 바닥을 긁어 만든 주먹밥은 어떤 고급 음식에 비할 바가 아니었다. 어머니는 고소한 내음이 진동하는 주먹밥을 막내인 나에게만 주셨다.

작은아버지 집 마루에 친척 아지매들이 모여 이야기꽃을 피울 때면 어머니 무릎을 베고 누웠다.

동서들끼리의 정겨운 대화가 오가는 동안, 금방이라도 쏟아질 것 같은 별을 하나둘 세다 잠이 들곤 했다.

"형님은 늦둥이를 머하러왜 낳으셨어요? 나중에 불쌍해서 우앨라꼬요어쩌려고요."

"내가 오래오래 살아서 금우 시집가고, 손자 손녀들이 학교가는 것까지 지켜보면 되지."

어머니는 그날의 다짐을 잊어버리셨을까? 내가 32살이던 해 겨울, 나를 남겨두고 홀연히 떠나신 걸 보면.

추석

나를 업은 채로 전속력으로 달리는 어머니, 고통으로 몸부림치는 내 입에 사탕을 넣어주시는 할머니! 그러나 넘기지 못하고 뱉어내는 바람에 어머니 등에 사탕이 끈적이며 들러붙었다.

추석 전날이라 병원이 문을 닫았다. 다급해진 할머니가 병원에 딸린 본채의 대문을 사정없이 두드리셨다. 허리 아래쪽이 화상 물집으로 뒤덮인 채 나타난 어린 환자를 두고 의사 선생님은 침착했다.

그날 어머니는 새벽부터 허리 한 번 제대로 펴지 못하고 일에 매달렸다. 송편을 삶기 위해 뜨거운 물을 큰 양재기에 담아 마루 끝에 잠시 올려놓았는데, 하필이면 방을 나서는 내 눈에 들어왔다. 양재기 위를 폴짝 뛰어넘어 마당으로 가야겠다고 생각하는 순간 몸이 바로 움직였다. 잘못된 판단은 참담한 결과를 초래했으니, 그만 양재기의 뜨거운 물에 데고 말았다.

살면서 이런저런 상처를 입었다. 소눈 해부 수업을 마치고 메스 정리를 하다가 손가락 살이 덜렁거릴 정도로 베인 적이 있다. 광주로 학교를 옮긴 첫해에, 교문 근처에서 넘어지면서 꺾인 발목은 심각한 후유증을 남겼다. 그러나 화상을 입었을 때의 통증이 가장 고통스러웠다고 기억한다.

화상 물집이 흉터 하나 남기지 않고 말끔히 완치된 데에는 봉산외과 선생님의 의술 덕을 톡톡히 보았다고 믿는다. 다행히도 선생님이 추석 전날 출타하지 않아 신속한 치료가 가능했다. 세월이 많이 흐른 후 봉산외과 선생님이 어디에 사시는지 알아보았다. 세상을 떠나셨다는 안타까운 소식을 들었을 때, 일찍 찾았더라면 감사의 마음을 전할 수 있었겠다고 후회하였다. 다시 만나지는 못하였지만, 의사 선생님의 영혼 안식을 위한 기도는 잊지 않으리라.

큰일이 벌어졌는데도 침착하게 대응하신 할머니와 어머니를 생각하면 감사할 따름이다. 평생 화상 흉터를 안고 살았으면 어쩔 뻔했나.

그렇다면 이듬해 추석은 얌전히 넘어갔을까. 추석을 하루 앞두고 어머니와 할머니께서 분주히 음식 준비를 하시는 동안 나는 몹시 심심했다. 공연히 안방과 다락 사이를 반복하여 오르내리다 다락 위에 올라서면서 발을 힘껏 디뎠다. 순간의 충격으로 부엌의 전구가 부서지면서 제수용 전을 올려놓은 채반 위로 떨어졌다. 사태 파악이 되면서 그 자리에 얼어붙었다. 한참 후에 저녁 먹자는 어머니의 음성을 듣고 쭈뼛거리며 방으로 내려왔다.

20년이 더 지나 어머니께 그날의 일을 기억하시는지 여쭈어 보았다. 처음에는 "글쎄." 하더니 이렇게 말씀하셨다.

"너를 혼내는 것보다 다시 장을 봐서 전을 굽고 저녁 준비를 하는 일이 더 급했다."

내가 엄마였다면 과연 그냥 넘어갔을까? 아마도 초강력 언어를 모두 동원하였으리라. 어쩌면 손이 먼저 날아갔을 수도 있겠다. 살면서 자주 그런 생각을 하는데, 내가 어머니의 성품을 닮았더라면 사회생활이 한결 수월했겠다. 도대체 조상님 중에 누구의 기질을 물려받았을까?

부모님은 공부에 필요한 물건, 특히 책과 학용품 구매에 우선권을 두셨다. 그러다 보니 예쁜 옷은 자연히 순위에서 밀려났다. 명절마다 새 옷을 입고 나타나는 명주가 그렇게 부러울 수 없었다. 나도 명주처럼 청색 빛이 감도는 판탈롱 바지와 금속 고리로 장식한 재킷을 입고 싶었다.

추석 하면 아픈 기억이 먼저 떠오른다는 친구가 어릴 적 이야기를 들려주었다.

'추석 전날, 11살인 남동생이 갑자기 옷을 사달라고 조르며 울기 시작하였다. 동네 아이가 편물기계로 짠 윗도리를 추석빔으로 받았는데 자신도 입고 싶다며 고집을 부리는 것이다. 저녁을 먹고 나서도 울음이 멈추지 않았고, 결국 어머니가 편물집을 찾아가셨다.

추석날 새벽, 노란색과 갈색이 섞인 스웨터를 들고 편물 가게 아줌마가 우리 집 대문을 두드렸다. 지금까지도 그 스웨터의 디자인이며 색깔을 또렷이 기억한다. 추석 전날 밤에 찾아온 반갑지 않은 손님의 부탁을 들어주기까지 어머니는 얼마나 사정하셨을까.'

어머니와 이별하기 석 달 전에 경주로 여행을 떠났다. 온천수가 나오는 불국사 근처 호텔에 머물면서 3박 4일간 주변을 돌아보는 일정을 잡았다. 그때 어머니는 나의 어린 시절 이야기를 화제로 삼으며 미안하다고 하셨다.

10살이 넘어서부터는 좀처럼 무얼 사달라고 조르지 않는 막내에게 소홀할 수밖에 없었다고. 교사의 박봉으로 가족들 생활비도 빠듯한데, 가만히 있는 아이에게까지 신경 쓸 여력이 없었단다. 부모를 한마디로 정의하면 아낌없이 주는 나무라고 하고 싶다. 그렇지 않고서야 평생을 자식 위해 희생하고 헌신하고서도 미안하다 할 수 있을까?

방천시장

‘김광석 길이라고? 김광석이 누구지?’ 방천시장의 식당에서 후배와 만나기로 약속한 날, 일찍 도착하여 김광석 길을 따라 걸었다. 후배는 우리나라 사람 중에 김광석을 모르는 이는 나뿐일 거라고 했다. 아는 연예인 이름을 대보라고 하여, 몇 명을 말했더니 그분들처럼 유명하며 가수란다. 내가 살던 동네 가까운 곳에서 어린 시절을 보냈다는 가수 김광석! 그를 기억하지 못해 미안했다.

방천시장은 어린 시절의 추억이 깃든 곳이기도 하다. 서울에서 서커스 공연단이 내려와 대형 천막을 쳤던 자리가 지금은 도로로 변하여 차들이 쌩쌩 달린다. 공중에서 그네를 타는 묘기는 손에 땀을 쥐게 하였다. 바닥에 누운 소녀가 장독을 발로 돌리는 장면에서 할머니는 어린 아~들이아이들이 얼마나 힘들겠냐며 안타까워하셨다.

장 보러 가는 어머니를 따라나설 때면 행여나 놓칠세라 옷자락을 꼭 붙잡았다. 방천시장에는 어머니의 단골 가게인 수제 어묵을 파는 상점이 손님들로 북적였다. 단순한 도구로 반죽을 뜨는데도 어쩌면 어묵의 크기며 모양이 일정한지 신기하였다.

하루는 성냥을 사느라 어묵 가게를 지나쳐 가는 어머니가 그렇게 야속할 수 없었다. 어머니에게는 어묵보다 석유풍로를 켜는 데 쓸 성냥이 더 중요했으리라. 지갑을 열어 보여주셨는데도 8살 아이는 철없이 울면서 집으로 왔다.

어른들은 왜 솜을 튼다고 할까? 어린아이가 이해하기에는 심오한 단어이다. 두꺼운 이불을 가지고 솜틀집으로 가던 날 솜먼지가 날린다고 집에 있으라고 하셨지만, 기어코 따라나섰다. 솜을 다루는 과정은 생각보다 시간이 오래 걸렸다. 지루한 그곳을 벗어나 지금은 도로로 변신한 시장으로 나섰다.

'집에 있어야 할 찬장이 왜 여기에 있을까?' 이상하다 싶어 찬장이며 서랍장이 놓인 쪽으로 다가갔다. 어떤 아저씨가 이불을 올려놓은 낡은 서랍장 앞에 앉아 떨리는 손으로 소주병을 잡은 모습이 눈에 들어왔다.

이 와중에 아이들 셋이 세간 틈새를 달리며 숨바꼭질하느라 신났다. 한 녀석은 찬장 문을 열고 연근조림을 꺼내먹기까지 했다. 우리 동네 숙이네처럼 주인집에서 쫓겨난 모양이다. 망연자실하여 소주를 병째 들이켜는 아버지와 천진난만하게 숨바꼭질하는 아이들…….

친구가 중학생이었을 때 30대인 선생님이 돌아가셨단다. 아버지를 추모하는 의식이 진행되는데 5살 아들이 까르르 웃으며 학생들 사이를 뛰어다녀, 전교생이 울음바다가 되었다고 했다. 그 이야기를 들었을 때 방천시장에서 만났던 아이들이 떠올랐다.

"방천에 빨래하러 갈 낀데. 언니야도 가제?"

한동네 사는 애순이가 빨래 방천이라고 노래를 부르며 다녔다. 당시는 방천에서 빨래하는 사람들이 흔했다. 9살 애순이는 대야에 빨랫거리와 비누를 담고 집을 나섰다. 우리보다 어린 애순이가 암팡지게 빨래하는 동안 성희와 나는 돌멩이를 물에 던지는 놀이를 하며 시간을 보냈다.

방천을 건너려면 펄쩍 다리를 뛰어넘어야 한다. 남산여고 교복을 입은 학생들이 그 다리를 건너다니는 모습을 흔히 보았다. 무서워서 못 하겠으면 위로 올라가서 대봉교로 가면 된다.

어린 나는 대봉교와 수성교 너머에 미지의 세계가 있을 거라는 상상에 잠기곤 했다. 간격이 넓은 데다 아래쪽의 거센 물살이 무서워 중학생이 되어서야 비로소 펄쩍 다리에 다가갔다.

겨울이 오면 방천의 물이 꽁꽁 얼어 스케이트 타기에 안성맞춤으로 변했다. 아버지께서 사다 주신 세 벌의 스케이트는 형제들이 공용으로 사용하였다. 진학 준비로 오빠들이 점점 바빠지는 동안 막내인 나는 오랫동안 스케이트를 애용했다. 수성못 근처에 실내스케이트장이 생겼을 때도 그것을 가져갔다. 자연이 만들어준 방천의 스케이트장 주변에는 스케이트 대여, 날을 가는 아저씨 그리고 어묵 장수가 겨울 대목을 누렸다.

수성교 입구에서 왕사탕을 팔던 할매도 10살 무렵의 기억 속에 저장되었다. 종일 금속 양재기 앞에 앉았건만 형형색색의 줄이 그려진 사탕을 찾는 이들이 많지 않았다. 시간이 흐를수록 사탕 위로 먼지가 뽀얗게 쌓여갔다. 후배를 만나러 방천시장으로 가던 날, 하염없이 손님을 기다리던 예전의 사탕 장수 할매 자리에서 잠시 발걸음을 멈추었다.

쌩~ 쌔애에~왱 세찬 바람에 흙과 작은 돌이 뒤섞여 날아다녔다. 유명 가수의 공연일까? 아니면 대통령 후보가 연설하러 온 날인지 기억이 가물거린다.

구름처럼 모인 인파 속으로 아버지 손을 꼭 잡고 방천 둑을 따라갔다. 춥다고 칭얼거리자 어부바하며 등을 내밀었다. 나를 업은 아버지는 세찬 바람을 고스란히 맞으며 걸었다.

방천에서 아버지 등에 업히던 기억이 또 있다. 대구의 더위가 맹위를 떨치던 여름날, 나를 업고 펄쩍 다리를 건넜다. 그날 땀으로 흠뻑 젖은 남방에서 풍겨 나오는 아버지의 체취를 또렷이 기억한다. 명품 향수를 뿌렸다 한들 이보다 더 향기로울까?

언젠가 서로 다시 만나는 날, 아버지 등에 몸을 기대어 어린 시절의 기억을 더듬어보리라. 청년 같은 모습으로 세상을 떠난 아버지는 당신보다 더 나이 들어버린 딸에게 여전히 등을 내밀어 주시겠지.

덕용라면

용인에 사는 선배 언니와 오랜만에 만나 도란도란 이야기꽃을 피웠다. 함께 저녁을 먹는데 대학생 딸에게서 전화가 왔다. 선배는 이렇게 일러주었다.

"찬밥에 떡국 남은 거랑 잘게 썬 김치를 넣어. 마지막에 라면 반 개와 스프를 첨가하여 끓이렴. 쉽지?"

언젠가 찬밥이 애매하게 남아 어릴 적에 먹던 밥국을 끓여주었더니 딸내미가 별미라며 좋아하더란다. 마침 엄마가 집을 비운 사이 어중간하게 남은 재료로 직접 만들어 보고 싶었던 모양이다.

다른 지역 출신 지인들에게 밥국을 먹어보았느냐 물으면 "국밥?" 하며 되물었다. 어떤 이들은 갱시기갱죽라는 유사 답안을 말하기도 했다.

어릴 적에 대식구가 한 상에 둘러앉았다. 거기에 미용을 배우러 올라온 일가 언니, 고등학교에 다니는 친척 오빠들까지 함께하는 경우가 흔했다. 대구에 볼일 보러 온 친척들도 으레 우리 집에 머물다 떠났다.

아버지 봉급만으로 감당하기 힘들었겠기에 고향의 논밭에서 나오는 곡식으로 기본 식량을 충당하였다. 300포기가 넘는 김장을 하고, 벽마다 시래기가 주렁주렁 걸리는 풍경을 일상처럼 보고 자랐다.

10살이 될 때까지 밥국과 콩죽은 주말 밥상에서 흔한 메뉴였다. 콩죽이라고 덩어리 콩을 끓이는 것은 아니고, 쌀이나 식은 밥에 콩가루와 잘게 썬 배추나 무를 넣고 끓여낸 죽이다. 영심이라는 언니 친구는 우리 집에 올 때마다 콩죽이 차려진 상을 받았다. 자취생한테 밥이 아닌 콩죽을 주어 미안하다는 어머니의 말씀에, 맛있으니까 염려 마시라 싱글벙글 웃으며 한 그릇씩 뚝딱 비웠다.

밥국은 일정한 조리법이 없이 남은 음식 재료에 따라 결정된다. 대개는 찬밥, 김치, 고구마, 떡국, 파 등을 넣었다. 마지막으로 라면 1개와 스프를 넣고 끓이면 완성되는 비교적 간단한 음식이다.

누구의 그릇에 라면 건더기가 더 많은가를 두고 오빠들과 비교하곤 했다. 가끔은 마른국수도 들어갔다. 푹 끓이면 라면과 비슷하여 씹기 전까지 헷갈렸다. 어머니께서 통 크게 라면 2개를 넣은 날은 나의 기쁨도 배가되었다.

9살 때 남산동에 사는 친구 윤정이 집에 갔다가 놀라운 장면과 마주하였다. 부엌에 식탁이 있다니! 게다가 우리 집 부엌은 시멘트로 마감하였는데, 얘네 집은 반짝이는 타일을 발랐다.

점심시간이 되자 식모 언니가 라면 5개를 끓여 예쁜 도자기 그릇에 나누어 담고 그 위에 김 가루를 뿌렸다. 한 번에 라면 5개를 끓이는 집인 걸 보면 부자인 모양이다. 그러면 그렇지, 아버지가 공장 사장님이란다. 1970년에 수시로 콜라를 병째 들고 마시는 친구를 얘 말고는 본 적이 없다. 동네 가게에서 C 브랜드 콜라를 팔기는 했던가?

라면을 향한 나의 마음을 어머니께서 눈치채셨는지 윤정이 집에 다녀오고 며칠 후 심부름을 보내셨다.

"주야네 점방에 가서 덕용라면 한 봉다리 사온나."

와! 우리 집도 부자가 된 모양이구나. 덕용라면이라니. 득달

같이 가게를 향해 달렸다. 서둘러 큰 포장을 뜯었더니, 투명한 비닐에 하나씩 싸여있는 꼬불꼬불한 라면 5개가 자태를 뽐낸다. 그날 밥국의 주재료는 식은 밥에서 라면으로 바뀌었다. 애써 찾지 않아도 라면 건더기가 그득한 밥국을 먹으면서 이보다 더 기쁠 수 없었다.

1년 후 꿈같은 일이 현실이 되었다. 아버지께서 라면 한 상자를 들고 오신 것이다. 그날 온 식구가 둘러앉아 다른 재료로 양을 늘리지 않은 온전한 라면을 먹었다. 달걀까지 들어간 국물을 한 방울도 남기지 않고 바닥까지 싹 비웠다.

행복의 조건이 무어 그리 대단한 것일까 싶다. 어린 시절에는 덕용라면 한 봉지로도 만족하고 기뻐하였다. 지금은 라면을 상자째로 살 수 있는데 이만하면 부자가 아니겠는가.

가족 여행

예천 작은아버지 댁에 다녀오신 할머니를 맞이하느라 소고깃국, 잡채 같은 별식이 상에 올랐다. 일요일에는 할머니를 모시고 진해 벚꽃놀이를 간다고 했다. 도시락을 준비하는 어머니의 손길이 바빠졌다.

떠나기 전날 밤의 설렘과는 달리 9살 아이에게 진해라는 도시는 그다지 매력적으로 다가오지 않았다. 인산인해를 이룬 사람들 속에서 아버지 손을 놓치지 않으려고 노심초사한 데다 걷고 또 걸어야 했으니까. 군함이 어떠하고 해군은 이러하다는 설명이 귀에 들어올 리 만무하다. 벚꽃이 아름답기는커녕 얼굴에 떨어지며 간질거려 오히려 성가셨다.

아버지 손을 잡고 보채면서 걷다 보니 무슨 공원인가에 도착했다. 끝이 보일 것 같지 않은 계단을 오르던 중에 사진사를 만났다. 아저씨 주문대로 우리들의 자리 배치가 끝났다. 행여나 눈을 감으면 어쩌나 싶어 아저씨가 "하나, 둘, 셋." 할 때 눈에 힘을 팍 주었다. 사진은 나중에 우편으로 받았다.

모든 일정을 마치고 터미널로 돌아올 즈음 평상이 놓인 가게 앞을 지나게 되었다. 잠시 쉬어가기로 하고 자리에 앉은 사이 아버지께서 사이다를 사 오셨다.

평상에서 편히 휴식하고 떠나므로 빈 병은 가게주인에게 돌려주시겠단다. 아버지에게 병들을 넘겨받은 가게주인은 거듭 고맙다는 인사를 하였다. 사이다병으로 엿을 바꾸어 먹던 시절이었다. 한 달에 한 번씩 학교에서 폐품을 거두었는데, 병을 가져오는 아이들은 드물었고 주로 폐지를 냈다.

이듬해 여름에는 기차를 타고 포항 송도해수욕장으로 떠났다. 어머니는 이른 새벽부터 밥을 짓고 불고기 재료와 오징어채를 볶으셨다. 어머니의 오징어채 볶음 맛은 특별했다. 큰 양재기에 각종 양념을 넣고 보글보글 끓이다가 채를 넣고 볶았다. 오징어채를 건져내고 남은 양념에 밥을 비비거나 볶아 먹으면 세상에 이보다 더 맛있는 음식이 또 있을까 싶었다. 새로 담은 김치와 나머지 반찬들도 찬합에 한 단씩 담고 보자기로 꼭 쌌다.

송도에 도착하여 파라솔 아래 짐을 풀고 오빠 둘과 나는 바다로 들락거렸다. 아버지는 어머니의 모래찜질을 도왔다.

처음에는 튜브를 타고 놀았다. 깊지 않아 괜찮겠거니 하는 마음에 튜브를 벗은 채 물놀이에 열중했다. 한 발짝 나아가는 순간 몸이 물에 잠겨버렸고, 허우적거리면서 더 깊이 가라앉았다. 온 힘을 다해 움직였더니 기적처럼 발이 바닥에 닿아 얼굴이 물 밖으로 올라왔다.

하마터면 10살에 송도해수욕장에서 세상과 작별할 뻔했다. 그랬더라면 부모님은 평생 나를 가슴에 묻고 사셨을 것이다. 그날의 트라우마가 어찌나 컸던지 이후로는 바닷물에 몸을 담그지 않았다.

개학 후 온몸이 새카맣게 타서 돌아온 나를 친구들이 격렬하게 반겨주었다.

"금우는 좋겠데이. 우짜면 해수욕장에 가보노."

그러게 말이다. 어떻게 그럴 수 있었을까?

13살 봄에도 송도에서처럼 큰일을 겪었다. 집의 댓돌에 잠시 앉아 있는데 무언가 머리카락을 스치는가 싶더니 마루 유리창이 와장창 깨졌다. 방 안에 계시던 부모님이 놀라서 달려 나오셨다.

집 앞에 ○○의원이라는 병원이 있다. 건물 옥상에 아이들이 올라가서 놀던 중에 공기총을 발견했던 모양이다. 총이 진짜냐 가짜냐를 두고 다투다가 쏘아서 확인해보자는 쪽으로 의견일치를 보았다. 하필이면 우리 집을 향하여 발사했단다.

요즘이라면 경찰이 출동하고 뉴스에 나올 법한 사건이다. 총알이 조금만 낮게 지나갔더라도 머리에 박혔을 것이다. 그렇게 되었다면 나는 이미 이 세상 사람이 아니거나 정상인으로 살아가기 어려운 상황에 놓였거나 둘 중 하나이지 않을까? 생명을 지켜주신 하느님께 감사하고 또 감사할 따름이다.

동화사 계곡

산마다 고운 빛을 띠며 단풍으로 물들었다. 가을이 가기 전에 동화사 계곡으로 가족 소풍을 떠날 거라고 했다. 남문시장 근처 대한극장 앞으로 가서 간간이 오는 동화사행 버스를 탈 예정이란다.

등잔 밑이 어둡다고, 지인들을 보면 가까운 산은 잘 찾지 않는 경향이 있는 것 같다. 나 역시 10살이 되어 팔공산에 처음 가보았다.

버스는 이미 발 디딜 틈이 없을 정도로 만원인 채 도착하였다. 사정이 이런데도 차장 언니는 사람들을 꾸역꾸역 밀어 넣었다. 대한극장에서 팔공산까지는 승용차로도 25km가 넘는 거리이다. 빙빙 둘러 가는 만원 버스에 시달리며 서서히 지쳐

갔다. 종점에서 내려 오르막길을 걷다 동화사 계곡에 이르러 참았던 울음을 터트렸다.

“여기 싫어. 집에 갈 거야.”

칭얼대기를 반복하는 나에게 아버지는 결국 등을 내밀었다. 업혀 가면서도 집에 가겠다는 말을 멈추지 않았다.

아버지는 나를 달래며 계곡을 따라 한참을 올라가셨다. 점심을 먹으면서 쉬어가기로 하고 자리를 폈다. 이번에는 먹지 않겠다며 투정을 부렸다.

하필이면 이날의 메뉴가 내가 좋아하는 볶음밥이다. 평소 어머니가 만든 볶음밥에는 향긋한 내음이 풍겼다. 채소류를 잘게 썰고 소고기도 고루 섞었다. 당근을 싫어하는데도 볶음밥 속에 든 것은 받아들였다. 마지막으로 참기름을 둘렀는데 특별할 것 없는 재료들이 절묘한 조화를 이루었다. 당근이 덜 익었거나 호박이 물렀다거나 밥의 고슬고슬한 정도가 차이가 난 적이 없을 정도로 일정함을 유지했다.

아버지는 울먹이는 나를 달래며 볶음밥 한 숟가락을 입에 넣어주셨다. 울다가 밥을 여러 번 받아먹었더니 목이 막혔다. 이번에는 반투명 플라스틱 컵에 사이다를 따라 먹여주셨다. 탄산이 엉뚱한 곳으로 들어갔을까. 코에서 꼬르륵 소리가 나면서 나도 모르게 웃음이 터졌다. 이 기회를 놓칠세라 내 코를 잡고 흔들며 놀리셨다.

"울다가 웃으면 어떻게 된다고 했지?"

그로부터 10년 후 다시 동화사 계곡을 찾았다. 가족이 동행하지 않은 나 홀로 여정이었다. 대학생이 되고 봄에 아버지와 이별하였다. 아버지를 잃은 나의 대학교 생활은 낭만과는 거리가 멀었다. 어떻게 하든지 장학금을 받아야 했다. 과목은 많고 과제도 만만치 않았다. 2학기 중간고사를 치르고 나서 문득 동화사 생각이 났다.

동화사 계곡을 따라 올라가면서, 10년 전 칭얼거리며 아버지 등에 업혔던 일을 떠올렸다. 10살이면 알 만한 나이인데 왜 그토록 투정을 부렸을까? 아버지가 떠나시기 전, 예전에 철없이 굴어 죄송했다고 용서를 빌었더라면 좋았으련만. 도시락과 간식 찬합을 들고 떼쓰는 막내까지 업고 동화사 계곡을 오르던 아버지는 가장의 무게까지 함께 지고 가셨으리라.

실은 동화사 계곡에서만 아버지를 힘들게 한 것은 아니다. 대가족이다 보니 평소 과일 한 바구니로는 어림없었다. 그래서 사과, 복숭아, 참외, 딸기 같은 과일을 주로 공판장에서 상자째로 구매하였다. 요즘처럼 퀵서비스가 있을 리 만무하고 승용차도 없는데, 아버지는 이 일을 묵묵히 감당하셨다.

동화사로 가족 소풍을 다녀오던 해 여름, 복숭아가 먹고 싶다고 하자 칠성시장으로 가자고 하신다. 도매상에서 복숭아 한 자루를 사서 버스 정류장으로 돌아왔다. 버스에 오르기 직전에 아버지 손을 잡겠다며 고집을 부렸다. 아버지가 내 손을 잡으려는 순간 복숭아 자루를 놓치고 말았다.

바닥에 넘어진 자루가 풀리면서 복숭아들이 떼굴떼굴 여기저기 구르기 시작하였다. 주변 사람들이 도와주었고, 아버지도 신속히 대처하여 수습은 되었다.

아무리 철이 없어도 그렇지, 아버지 손은 두 개이고 복숭아 자루 들기도 버거운 상황에서 손을 잡으려 하다니. 아버지도 힘드실 거라는 생각은 왜 하지 못하였을까?

영화 스잔나

영화 「스잔나」에서 주연배우로 명연기를 펼쳤던 리칭의 사망 소식을 접하고 마음이 착잡해졌다. 아련한 기억 속의 그녀는 어린 시절 나의 이상형이었다. 중학생이 되어서도 청춘무곡을 부르는 친구들이 있을 정도로 리칭은 인기스타로 한 시대를 풍미했다.

요즘은 인터넷에서 검색하면 이탈리아 가곡도 정확한 발음을 찾을 수 있다. 예전에는 들리는 대로 받아 적은 가사가 구전되어서인지 원래의 뜻과는 무관한 청춘무곡으로 바뀌었다. '화양쌰샤 밍궈이쯔 파샤랴 화월씨에 밍니엔하스 이양더카이……' 이렇게 친구들과 함께 엉터리 중국어로 흥얼거렸다.

1967년 홍콩에서 제작된 스잔나는 우리나라로 들어와 큰 인기를 누렸다. 시내 극장에서 개봉되어 학생들이 단체 관람을 마쳤고 이후 재개봉관으로 넘어왔다. 그즈음 부모님은 나에게 '영화 홀로 보기'라는 미션을 주셨다.

스잔나를 보고 싶다고 한 적은 있지만 혼자 극장에 가겠다는 뜻은 아니었다. 하지만 나의 의지와는 무관하게 일이 진행되어 갔다.

"대한극장으로 가서 아침에 처음 상영하는 스잔나를 보고 오너라."

어머니는 내 손에 50원을 쥐여 주시며, 대인이 아닌 소인 표를 끊어야 한다는 말을 덧붙이며 강조하셨다. 어린이는 소인이다. 일단 외웠다. 푯값 40원을 제외한 10원으로는 극장 안에서 파는 과자를 사서 먹으라는 당부를 뒤로한 채 집을 나섰다.

봉산동 골목길을 벗어나면서 두려움이 밀려왔다. 과연 부모님과 동행하지 않고 다녀올 수 있을까? 자신이 없었다. 이대로 집으로 돌아갈까 망설이며 걷다 보니 어느덧 대한극장에 도착했다. 매표소의 언니가 혼자냐고 물었을 때 떨리는 목소리로, '소인 하나'라고 했다.

이른 아침인 데다 재개봉관이어서 그런지 극장 안이 텅 비었다. 시간이 지나면서 사람들이 차츰 자리를 채웠고, 가족과 함께 온 소녀가 내 옆에 앉았다.

"와! 니너 억수로 용감하데이."

상황을 눈치챈 아이가 내게 말을 걸었다. 나보다 한 살 더 많은 미숙이라는 이름으로 같은 학교는 아니다.

영화의 줄거리는 9살짜리도 이해할 정도로 어렵지 않았다. 시간이 흐르면서 극장 안은 점점 흐느끼는 사람들이 늘었다. 뇌암에 걸린 스잔나의 죽음으로 영화가 막을 내렸다.

미숙이와 나는 영화를 한 번 더 보기로 의기투합했다. 가족이 떠난 후에 미숙이가 과자를 사 먹자고 권했다. 내가 망설이는 동안 강냉이 비슷한 과자를 사서 봉지를 뜯었다. 나는 격하게 울고 난 후라 과자가 당기지 않았고, 왠지 남은 돈 10원은 어머니께 돌려드려야 할 것 같아 주머니에 넣어두었다.

처음 볼 때와 같은 장면에서 웃고 울었다. 같은 영화를 두 번 보고 영화관이 환해지자 아차, 기다리시는 부모님 생각이 났다. 하나에 몰입하면 다른 상황을 잊어버리는 성향이 어릴 적부터 있었나 보다.

영화가 끝날 시간이 한참 지났는데도 집으로 돌아오지 않는 막내가 걱정되셨겠지만, 아무 일도 없었던 것처럼 맞이해 주셨다. 왜 늦었느냐 다그치지 않고 자초지종을 듣고 나서 알았다고 짧게 말씀하셨다.

세월이 한참 흐른 후에 어머니께서 그 일을 회고하셨다.

"오다가 다른 길로 샐 아이가 아닌데, 늦은 걸 보면 그만한 사정이 있었을 거라고 믿었다. 그런데 간식비로 준 10원을 다시 가져왔을 때 기특하면서도 한편으로는 걱정이 되더라."

어머니께서 나의 어떤 면을 염려하셨는지 이해가 된다. 그러나 9살 아이에게 10원은 적은 돈이 아니다. 어머니께서 돌려주신 10원은 저금통으로 들어갔고, 4학년 어머니날 전까지 모은 480원으로 브로치 선물을 해 드렸다.

옷과 액세서리에서 나와 전혀 다른 취향을 지닌 어머니는 그 브로치를 평생 간직하셨다. 부모님이 마지막까지 사시던 집이 재개발로 허물어지기 며칠 전에 안방 벽장에서 작은 상자 하나를 찾았다. 그 속에는 46년 전의 브로치가 예전 모습 그대로 반짝이고 있었다. 어머니의 브로치! 지금은 내 집에서 가장 소중한 물건을 두는 곳에 보관 중이다.

비록 작은 미션이었으나 영화 홀로 보기는 훗날 배낭을 메고 미지의 세계로 떠날 수 있는 디딤돌이 되었다. 동티모르의 학교로 가서 실험 수업을 해야겠다고 결심하였을 때 나를 잘 아는 친구들도 손사래를 쳤지만 결국 네 번을 다녀왔다. 같은 이유로 팔레스타인 학교도 찾아갔다.

2018년 1월, 지상철과 배를 각각 두 번씩 갈아타고 찾은 방콕의 사원에서 모험을 두려워하면서도 극복하려는 성향을 동시에 지녔다는 사실을 새삼 깨달았다. 택시를 탔더라면 알지 못하였을 재미난 일들이 기다리고 있었다.

왓륜사원 근처를 지나다 어린이들의 웃음소리가 나는 곳으로 발걸음을 옮겼다. 선생님 한 분이 뒷문으로 외출하여 잠시 문이 열렸다. 그 사이로 들어가서 복도에서 만난 선생님에게 다가가 영어 선생님을 만나게 해 달라고 부탁하였다.

낯선 외국인의 황당한 부탁을 받은 선생님은 다행히 내 말에 귀를 기울여주었다. 영어 선생님의 도움으로 한 층의 수업 모두를 참관해도 좋다는 허락을 받는 순간, 영화 홀로 보기 미션을 완수했던 9살 때의 기억이 스쳐 갔다.

칼국수와 수제비

친척들끼리 사용하는 호칭 가운데, '김실'이가 있다. 김 씨에게 시집간 여성을 일컫는 말이다. 고모부는 정 씨기 때문에 어른들은 고모님을 '정실'이라고 불렀다.

일가인 임실 아지매가 우리 집에 국수 기계를 가져온 날은 내가 11살 때이다. 생활력이 강한 아지매는 물품 소개 등을 하여 번 돈을 살림에 보탰다.

국수 기계 사용법은 이랬다. 밀가루 반죽을 적당한 크기로 떼어내 기계에 넣고 손잡이를 돌리면 덩어리가 점점 얇아진다. 이것을 여러 차례 반복한 다음 다른 칸에 넣고 면 가닥을 뺐다.

기계를 구매하기 전까지 할머니와 어머니는 홍두깨로 반죽을 밀어가며 칼국수를 만드셨다. 경상도식 칼국수는 밀가루에 콩가루를 섞어 반죽한다. 완성된 칼국수에 양념간장을 넣어 먹는 방식도 다른 지방과는 구별된다.

한참을 치대다가 중심 쪽이 볼록하고 사방은 낮게 경사진 덩어리가 되면 홍두깨로 밀어 반죽을 늘여간다. 이 작업을 하려면 둥근 밥상이 제격이다.

덩어리가 어느 정도 얇아질 즈음 밀가루를 뿌려가며 접는다. 그것을 칼로 썰어 팔팔 끓는 멸치 육수에 넣고, 호박과 배추 그리고 대파를 넣어 한소끔 끓이면 칼국수가 완성된다.

점심때 만든 국수가 대체로 한 그릇씩 남았다. 저녁 먹을 무렵이면 퉁퉁 불어 묵 같은 덩어리로 변했다. 그것을 부모님께서 서로 드시겠다며 실랑이를 벌이는 장면을 익숙하게 보고 자랐다.

"나는 원래 국수를 좋아하니……."

"당신은 밖에서 일하니까 끈기 있는 밥을 드셔야지요."

유난히 국수를 즐겨 드시던 아버지 생각이 나서일까? 아버지가 떠나고부터 어머니는 국수 기계를 꺼내지 않으셨다. 칼국수가 먹고 싶다고 말씀드리면 가게에 가서 젖은 면인 물국수를 사 오라고 하셨다. 면만 바뀌었을 뿐인데 어머니가 직접 만든 칼국수보다 맛이 떨어졌다.

수제비를 먹었던 기억이 칼국수만큼은 많지 않다. 시골에서 올라온 밀가루는 색이 어둡고 식감이 거칠다. 요즘에야 우리 밀이 더 비싸게 팔리지만, 그때는 가게에서 산 뽀얀 밀가루가 대접받았다. 같은 밀가루로 만들었는데도 콩가루를 섞지 않아서 그런지 수제비는 칼국수보다 맛이 덜했다. 그래서 수제비를 끓이는 날이면 주로 국물만 받아 식은 밥을 말아서 먹었다.

아마도 11살 겨울이었을 것이다. 학교 갔다 돌아오니 처음 보는 아줌마가 안방에서 어머니와 겸상하여 수제비를 먹고 있었다. 꿀을 팔러 다니는 아줌마라고 했다.

남은 수제비 국물에 밥 한 그릇을 말더니, 김장김치를 손으로 북북 찢어먹으면서 아줌마는 말을 이어갔다. 병든 남편을 대신하여 생활전선에 나설 수밖에 없었고, 친척이 양봉한 진짜 꿀을 판매한다는 것이다. 어머니는 수제비를 한 그릇 더 담아 주셨고, 어쨌든지 힘내어 살아보라며 아줌마를 다독였다.

여러 날이 지나자 아줌마에게 산 긴 병에 담긴 꿀이 바닥에서부터 흰색 앙금이 가라앉기 시작하였다. 당시 우리 집에서 숙식하며 미용학원에 다니던 일가 언니가 아프다는 남편 이야기도 거짓말이 아니냐며 몹시 분개하였다. 어머니는 "남편이 건강하다면 좋은 일이지. 설탕이 섞였다고 사람이 먹지 못할 음식은 아니네."라고 하실 뿐 더는 언급하지 않으셨다.

대학교를 졸업하고 몇 년이 지나 결혼한 친구 집에 갔더니 점심을 먹고 가라며 붙잡는다. 처음에는 칼국수 반죽을 하는 줄 알았다. 밀가루에 물을 붓고 한참을 치댄 다음 양 손가락으로 늘려가며 조각을 떼어냈다. 가래떡처럼 긴 덩어리로 만들어 떡국 썰듯이 써는 친구도 보았다. 두 벗이 만든 수제비는 한 조각이 제법 컸다. 친정어머니께서 하시던 방식 그대로란다.

우리 어머니는 무른 반죽 상태에서 한 숟갈 떠서 다른 숟가락으로 작은 조각을 똑똑 떼어내어 육수가 끓고 있는 냄비 속으로 넣으셨다. 수제비 하나도 집마다 만드는 방법이 다르다는 사실이 재미있다.

학교 급식에 가끔 수제비가 나온다. 기계로 만든 수제비가 손으로 치대며 반죽한 맛에 비할 수는 없다. 분명 국물에 고급스러운 재료가 고루 들어갔는데도 말이다.

마당에 배 띄우고

층간소음 문제가 이웃 간의 다툼으로 번지는 궂은 소식이 종종 뉴스에 등장한다. 소리에 무척 예민한 나도 위층에서 울리는 소음에는 무던한 편이다. 어릴 적 천장 위를 질주하는 쥐들의 우다 다닥다닥 소리에 비하면 참을 만하다. 그런 소음도 듣고 자랐는데 사람 사는 집에서 사람 소리가 나는 것은 당연하지 않을까.

쥐 패밀리의 달음박질 소리는 밤이 깊어질수록 또렷이 들렸다. 얘들이 천장을 뚫고 방바닥으로 떨어지면 어쩌나 염려되었는데, 다행히 그런 일이 실제로 일어나지는 않았다.

그렇다면 천장에 다른 문제는 없었을까. 장마의 시작과 함께 똑똑 떨어지는 물방울이 불청객처럼 찾아왔다. 빗줄기가 잦아들면 아버지는 지붕으로 올라가서 물이 새는 곳을 찾아 손보셨다. 방 안에 아예 양동이로 빗물을 받는 집도 보았다. 작은 통을 받쳐놓은 우리 집은 그나마 양호한 편이다.

어느 잡지에 소개된 신혼부부의 사연을 읽고 대단한 사람들이라고 생각한 적이 있다. 폭우가 내려 갑자기 집안으로 물이 쏟아져 들어왔던 모양이다. 비가 멎은 후에도 허리춤까지 출렁이는 물을 헤치며 이 방 저 방 다니는 어이없는 상황에서 남편이 손을 뻗더니 찬장에서 커피와 야외용 버너를 꺼내더란다. 신랑이 건네준 예쁜 잔에 담긴 커피를 마시며 서로 마주 보고 웃었다는 이야기이다.

이들의 사연을 읽으면서 어린 시절 비가 쏟아져 마당에 물이 들어차던 일이 떠올랐다. 댓돌 아래까지 빗물이 찰랑거리던 날, 7살의 나는 대야를 띄우고 신나게 놀았다. 물을 보고 내가 했던 말이, '와! 마당에 배 띄워도 되겠네.'였단다.

같은 비가 내려도 물이 차는 정도는 지대가 낮은 집이 더 심했다. 현자 집에 세 살던 숙이네가 이사 간 방에 새로운 가족이 들어왔다. 그 집의 구조는 특이하게도 대문을 열고 들어서면 움푹 내려간 작은 마당이 나오고 그곳에 별채가 딸렸다. 안쪽에 있는 본채의 바닥 높이는 골목과 비슷했다.

이사 온 가족은 부모님이 일하러 간 시간에 아이들만 남았고, 5학년인 장남이 하교하여 동생 셋을 보살폈다. 벽에는 하루에 한 장씩 떼어내는 달력이 걸렸는데, 주로 막냇동생의 용변을 처리하는 용도로 쓰였다.

하루는 요란한 천둥소리와 함께 소나기가 쏟아졌다. 마당으로 물이 콸콸 들어오는가 싶더니 비가 그치면서 빠져나갔다. 함께 놀자고 찾아온 성희를 따라 골목길로 뛰어다니다가 현자 집 앞에서 발걸음을 멈추었다.

열린 대문으로 보이는 광경은 참담했다. 마당에 물이 들어차서 툇마루 아래까지 찰랑거리고, 부엌은 부뚜막까지 잠겨버렸다. 아이들만 남은 집에 12살 장남이 양동이로 물을 퍼내며 동생들을 지키기 위해 고군분투하고 있었다. 다행히 물이 서서히 빠져나가고 종아리 높이 정도만 남았다.

이 와중에 동생들이 배고프다고 칭얼거렸다. 맏이는 첨벙거리며 부엌으로 들어가 찬장에서 찬밥과 물김치를 꺼내더니 동생들에게 먹였다. 성희와 나도 집으로 들어와서 함께 먹자고 권했는데 우리는 대답 대신 고개를 가로저었다.

동네 아이들 이름을 여태껏 기억하는 내가 어쩐 일인지 현자네 문간방에 살던 장남 이름은 생각나지 않는다. 그러나 얼굴과 목소리는 지금까지도 선명하다.

부모님 대신에 어린 동생들을 지극정성 돌보았고, 방이 물에 잠기기 직전의 상황에서도 침착함을 유지하였다. 이 오빠는 지도력을 갖춘 인재로 자라 자신의 분야에서 성공적인 삶을 살고 있으리라는 확신이 든다.

대봉동 집으로 이사 와서도 마당에 물이 들어온 적이 있다. 이를 본 쌍둥이 조카들이 배 띄우자면서 세숫대야를 찾았다. 예전에 내가 했다던 말이 생각나서 웃음이 나왔다.

봉산동 집은 부엌에 배수가 잘되어 마당에 물이 빠져나가면 부엌도 금세 바닥을 드러냈다. 이사 간 대봉동 집이 문제였다. 봉산동 집보다 나중에 지었는데도, 큰비 내리는 날은 부엌에 물이 차서 연탄 아궁이가 완전히 건조될 때까지 한 달 이상 걸렸다. 바닥에 방수 공사를 한 후에는 아궁이에 물이 들어오거나 부엌에서 첨벙거리며 다녀야 하는 불편함은 사라졌다.

지천명의 끝자락에 이르러 지난 세월을 돌아보았다. 방이 물에 잠길 정도의 어려움은 겪지 않고 살아왔으니 감사할 따름이다. 부모님의 심란한 마음은 아랑곳하지 않고 마당에 빼 띄우자던 7살 아이가 몇 년 후면 같은 말을 하던 조카, 그의 아들이 7살이 되어 만나게 된다. 씩씩하게 자란 아이가 "고모할머니!" 하고 달려와 내 품에 안기는 날, 장난감 배로 함께 놀아주며 옛날이야기를 들려주어야겠다.

겨울밤

첫 직장인 안동에서 셋방살이가 시작되었다. 서향인 한옥의 문간방이 여름에 찜질방처럼 후끈거리는 데다, 겨울에는 북서풍의 위력 앞에 문풍지가 밤새 요란한 소리를 내며 떨었다. 저녁에 빨아 방 안에 널어놓은 수건이 아침이 되면 꾸덕꾸덕해질 정도였다.

찬 바람이 불어올 즈음 마당의 간이 목욕탕이 음식 재료 저장고로 바뀌었다. 인심 좋은 주인집 아줌마는 거기에서 김장김치며 씀바귀 김치를 가져다주셨고, 갖은 나물을 올려 맛깔스러운 비빔밥도 차려주셨다.

잠들기 전 찜통에 물을 담아 쇠뚜껑을 덮은 연탄불 위에 올려놓고, 밤새 데워진 물로 마당의 수돗가에서 세수하고 머리를 감았다. 방금 감은 머리카락에 얼음알갱이가 우두둑 맺혔다. 슬리퍼는 바닥에 얼어붙어 움직일 때마다 쩍쩍 소리가 났다. '눈비를 맞지 않고 세수하고 머리 감아보았으면' 당시 유일한 소원이었다.

마침내 간절한 바람이 이루어져 같은 집의 별채에서 본채로 방을 옮겼다. 기존 열 달 치 방세에 5만 원을 추가한 결과는 놀라웠다. 거기는 남향인 데다 방 옆에 수도가 딸려 더는 마당에서 머리를 감지 않아도 되었으니까. 몇 년이 지나 슬레이트를 덮은 간이 부엌이 아니라 싱크대에서 더운물이 콸콸 나오고, 샤워 시설까지 갖춘 화장실이 있는 11평짜리 셋집을 얻었다.

몇 년 전에 개별난방 아파트로 이사 온 후로는 조금만 쌀쌀해도 바로 난방을 한다. 안방에 돌침대까지 두었으니 집 안에서 추위에 떠는 일이 더는 없으리라.

안동의 문간방을 떠난 지가 30년이 훨씬 지났건만 아직도 꿈속에서 찾아간다. 가끔 꾸는 꿈인데도 실제인 듯 생생하다. 비키니 옷장, 작은 책장과 책상 그리고 이불 보따리를 앞에 두고, 이 짐들을 언제 옮겨갈까? 고민하다 잠에서 깨어나곤 한다. 때로는 시공을 초월하여 안동의 방과 어릴 적 봉산동 집을 오간다.

꿈의 의미를 분석하고자 전문가를 찾거나 포털 사이트에서 검색한 적은 없다. 스스로 해석하건대 무의식 속에서 봉산동 집과 안동의 문간방 시절을 그리워하고 있다고 결론 내렸다. 두 곳 모두 사람들과 따뜻한 정을 나누며 살았다는 공통점이 있다.

봉산동 집에서 겨울을 나기 위한 필수품은 단연 연탄이다. 부모님은 향교 가는 길목에 있는 일가一家가 운영하는 가게에서 연탄을 주문하셨다. 연탄을 들여놓고 나면 본격적인 김장이 시작된다.

장독대 입구에 할머니 발음으로 물땅꼬라고 부르는 물 저장고가 있다. 수돗물이 나오지 않을 때를 대비하여 물을 담고, 겨울에는 주로 배추를 소금에 절이는 용도로 사용했다. 어마어마한 양의 김장이 끝나면 마당을 파서 장독을 묻고 마무리했다. 김장하는 날은 보리를 섞지 않고 쌀로만 밥을 지어, 흰밥 위에 김장김치를 척 걸쳐서 먹었다.

겨울나기의 세 번째 품목은 이불솜이다. 어머니는 틈틈이 이불을 솜틀집으로 가져가서 솜을 틀고, 깨끗이 빤 홑청은 이불에 씌워 꿰매셨다. 무거운 겨울 이불이 갑갑해서 걷어찰라치면, 잠결에 어머니의 손길을 느꼈다. 이불을 덮으면서 내 몸도

토닥여주셨기 때문이다.

긴 겨울밤에 어머니가 들려주신 동화를 들으면서 스르륵 잠이 들곤 했다. 호랑이가 등장하는 고전적인 이야기 외에도 은코 신사라는 특이한 제목까지 동화의 소재는 다양했다. 밤참으로 고구마와 무를 깎아 먹기도 하고 볶은 콩도 간식 메뉴로 일조했다.

과학 교사가 되어 초음파 세척기를 사용하면서 외관이 낯익어 무얼까 생각해보았다. 크기는 초음파 세척기가 더 작아도 어릴 적 제빵기와 닮았다. 친구들이 요리 기기를 사용해보면 광고 방송에서 시연하는 것과는 다른 경우가 많다고 했다.

카스텔라까지 만들 수 있다고 하여 아버지께서 구매한 제빵기도 그랬다. 내부에 금속판이 있어 전기가 통하면서 밀가루 반죽을 익히는 원리이다. 밀가루에 달걀, 설탕, 베이킹파우더를 섞은 다음 물을 붓고 걸쭉하게 반죽한다. 그것을 제빵기에 넣고 뚜껑을 덮은 다음 전기를 연결하면 직육면체 모양의 빵이 완성된다. 제과점에서 파는 식빵과는 다른 덩어리 찐빵이다. 그래도 맛은 꽤 좋았다.

판매하는 아저씨들은 실을 이용하여 빵을 잘랐는데, 어머니는 칼로 조각을 내셨다. 지금 생각해보면 솥에 넣어 한 번에 찌는 편이 훨씬 효율적이었겠다 싶다. 하룻저녁에 몇 판씩 만들어 먹었으니 전기요금이 꽤 나오지 않았을까.

안동의 학교에 재직할 때 58년생 선생님이 자주 이런 말을 했다. 어릴 적에 고기는 국을 끓여 먹는 것이지 구워 먹는다는 개념조차 없었다고. 부모님이 대구 칠성시장 근처에서 과자공장을 하셨는데, 점심시간이 되면 친척들까지 밥 한 끼 해결해 보겠다며 몰려들었단다. 원래는 공장 직원들을 위한 점심이었지만 찾아오는 이들이 점점 늘어났다고 한다. 부잣집 아들이 이렇게 말할 정도이니 불고기는 특별한 메뉴임이 틀림없다.

우리 집은 부자와는 거리가 멀었으나 10살 즈음에 불고기를 먹었던 기억이 난다. 연탄 화덕에서 조리하지 않고 전기 불고기 팬을 사용했다. 둥근 스테인리스 냄비에 불고기 재료를 담고 전기 불판에 올리면 집안에 고기 익는 냄새가 진동하였다. 냄비가 분리되므로 깨끗이 씻을 수 있어 편리한 구조이다. 요즘 다시 생산해도 잘 팔릴 것 같다.

불고기가 상에 오르는 날, 어머니는 자작하게 익힌 고기를 내 밥 위에 올려주셨다. 정작 당신은 국물을 떠서 밥에 비벼 드셨다. 그럴 때면 큰오빠가 냄비의 고기를 듬뿍 집어 어머니 밥

그릇에 올려드렸다. 그것으로 불고기의 이동이 끝난 것이 아니다. 몇 번을 어머니와 큰오빠 밥그릇 위로 옮겨 다녔다.

잠결에 고기 냄새가 나서 눈을 뜨면 기름종이에 싼 통닭이 옆에 있고, 어떤 날은 갈비탕을 먹고 자라며 깨우기도 했다. 나이 쉰을 넘기면서부터 의식적으로 고기를 멀리하고 나물 반찬을 찾는다. 육류가 흔한 날이 오다니, 세상 참 많이 변했다.

바깥에 눈보라가 몰아치고 땅이 꽁꽁 얼어붙어도 방 안은 포근했다. 새벽에 쉬 마렵다고 어머니를 깨워서 마루로 나오면, 쏟아지는 별빛에 밤새 내린 눈에서 반사된 빛까지 더해져 온 집을 환하게 비추어주었다. 봉산동 집의 겨울밤은 따뜻하고 밝은 기억을 남기고 다시는 돌아갈 수 없는 시간과 공간 속으로 사라졌다.

바나나

점심 급식에 후식으로 바나나가 나왔다. 자연스레 바나나를 처음 먹은 시기가 화제에 올랐다. 40대 중반인 동료 교사는 중학교 2학년으로 기억한단다. 어머니를 따라 마트에 갔다가, 실수로 진열대에 놓인 바나나를 떨어뜨리는 바람에 껍질이 벗겨져, 값을 치를 수밖에 없었다고.

등짝에 어머니의 손이 철썩 닿았지만, 바나나를 먹을 수 있다는 생각에 아픈 줄 몰랐다는 말에 바나나 한 다발 이야기하는 줄 알았다. 그런데 드라마 「응답하라 1988」에서처럼 바나나 한 개를 식구 수대로 나누어 먹었단다.

경기도에서 어린 시절을 보낸 40대 중반 또 다른 선생님의 이야기이다. 공장에 다니는 동네 형이 5살인 자신을 무척 귀여워하였다. 형이 월급 받으면 바나나 사주겠다고 철석같이 약속하였는데, 몇 달 후 진짜로 바나나를 들고 왔다. 바나나 한 개 값이 봉급의 상당 부분에 해당한다는 사실을 나이가 한참 더 들어서 알게 되었다고 한다.

대화의 끝 무렵에, 가장 연장자인 나에게 시선이 쏠렸다. 10살 때였다고 하자 놀랍다는 반응이다. 아버지 제자가 사 온 바나나 한 다발 덕분이다.

어릴 적 기억하는 아버지께서 재직하신 학교는 경북여고와 대구상고이다. 대구상고에 계실 때 교무실로 몇 번 찾아갔다. 어린아이 걸음으로도 10분이 채 걸리지 않는 거리이다. 그때마다 아버지는 작은 봉지에 든 주스 분말을 태워 주셨다.

어느 주말에 양복을 단정하게 입은 청년이 바나나 한 다발을 곱게 포장하여 집으로 찾아왔다. 대구상고 졸업생들이 가장 선호하는 은행에 취직이 되어 봉급을 받았단다. 당시 고향을 주제로 하는 노래를 부르는 유명한 가수가 방송에 자주 출연했다. 아버지를 찾아온 제자 이름은 고향을 노래하는 가수와 같았다.

바나나라는 과일은 책에서만 존재하는 줄 알았다. 눈앞에 바나나가 있는데, 심지어 먹어보고도 믿기지 않았다. 아마도 이

것은 과일이 아닐 것이다. 과일이라면 입안에서 살살 녹을 리가 있겠는가?

동네 아이들에게 바나나(발음은 빠나나)를 먹었노라 자랑하며 다녔지만, 반응은 썰렁했다. 바나나가 뭐냐는 답변이 돌아왔을 뿐이다.

"나 이래 봬도 봉산동 골목길에서 처음으로 바나나를 먹었던 사람이다."

자타가 공인하는 구룡포 유지 딸인 친구에게 자랑스럽게 했던 말이다.

중학교 2학년 음악 시간에 한영창 선생님께서 조이름 외우는 법을 알려주셨다.

"바나나를 사러 파나마에 갔는데 사러 가나 마나가 되었다. 이를 요약하면, 바나마 가라. 사라가 마나이다."

'바장조, 나장조… 내림나장조' 하면서 열심히 외웠다.

그때도 전교에서 바나나를 먹어본 아이들이 손에 꼽을 정도였을 것이다. 6.25 전쟁 때 고향인 중강진을 떠나 대구에 정착하셨다는 한영창 선생님은 언제 처음 바나나를 드셨을까?

2004년 8월 동티모르에 처음 갔을 때 바나나를 튀겨서 먹는 모습이 신기했다. 껍질을 벗긴 바나나에 밀가루를 입힌 다음 기름에 튀겨내는 비교적 간단한 요리이다.

그 맛을 잊지 못하여 귀국하여 직접 만들어 보았다. 내 음식 솜씨가 별로인 점을 참작한다 치더라도 동티모르에서 먹던 맛과는 거리가 멀었다. 언젠가 동티모르에 다시 가면 베닐랄레의 살레시오 수녀원을 찾아가 바나나튀김 먹고 싶다고 말씀드려야겠다. 다섯 번째의 만남이 이루어지는 날, 간호사 캐롤리나 수녀님은 여전히 나를 반가이 맞이해 주시겠지.

작은 손님

"수두입니다."

의사 선생님의 음성과 표정에서 나에게 심상치 않은 일이 생겼음을 직감하였다. 영화 「동주」 포스터가 나왔을 때 윤동주 시인을 닮은 누군가가 떠올랐다. 그분이 누군가 하면 나에게 수두 진단을 내렸던 경북대학교병원 소아과 교수님이다.

교수님과는 다섯 번 정도 만났다. 8살 때 홍시를 먹고 심한 탈이 나던 날 처음 찾아갔다. 토사곽란의 응급상황을 겪고 나서 지금까지도 감을 입에 대지 않고 있다.

2년 후 다시 진료실을 찾았을 때, 교수님은 내 배를 촉진하고 문진을 이어가더니 간이 부었다는 진단을 내리셨다. 요즘에야 내과에 가면 초음파 기기나 복부 CT로 판단하지만, 그때는 차근차근 대화를 주고받은 다음 결론을 내렸다.

병원 문을 나서면서 아버지 손을 붙잡고 빵집에 가자며 졸랐다. 대학병원 근처 제과점에서 큰 빵 3개를 혼자 먹었다. 아버지도 빵을 드실 줄 안다는 사실을 모를 리 없었을 텐데.

4학년 여름방학의 시작과 함께 수두 진단을 받고 꼼짝없이 집 안에서 지냈다. 얼굴에 물집이 보이는가 싶더니 어느새 온몸으로 번져나가 거울 속의 내 모습에 깜짝 놀랄 지경이 되었다. 귀, 코, 목의 안쪽에까지 물집이 자리 잡았다. 음식을 잘 삼키지 못하고 호흡마저 버거웠다.

수두를 앓으면 흔적을 남길 수 있다는 할머니 말씀에, 얼굴을 긁지 못하도록 손가락마다 거즈가 감겼다. 어머니는 소아과 교수님의 처방을 받은 액체 파운데이션 비슷한 색깔의 약을 물집에 발라주셨다. 그러나 목과 귀의 깊은 곳에 생긴 물집은 어찌해볼 도리가 없었다. 밤이 되면 더욱 열이 올라 잠을 이루지 못하고 뒤척였다.

어른들은 수두를 저근님으로 불렀다. 그때는 무슨 뜻인지 몰랐는데 천연두는 큰 손님(마마)이고 수두는 작은 손님으로 호칭한 모양이다. 그것을 대구식 발음으로 저근님이라고 했을까?

어머니와 할머니께서 그토록 공을 들였건만, 군데군데 수두 자국을 남기고 회복되었다. 얼굴의 흉터를 두고 어머니는 무척 속상해하셨다. 나는 자리를 털고 일어나니 좋았다. 그러나 동네에 수두가 번져 함께 놀 아이들이 없었다. 다행이라면 여름 방학이어서 결석은 하지 않아도 되었다.

개학을 앞두고 수자 엄마가 우리 집을 찾으셨다. 얼마나 다급했던지 문을 열어준 나에게 바로 말씀하셨다.

"수자도 저근님이 맞는 모양이데이. 약 좀 달라꼬 왔다."

내가 바르고 남은 약이 근심 가득한 표정으로 오신 수자 엄마에게 건네졌다. 그 시절 대학병원에서 수두 진단을 받고 약까지 처방받을 정도면 호강하며 자랐다고 초등학교 동창인 친구가 부럽다고 했다.

건강하게 자라도록 보살펴주신 부모님 덕분에 쉰이 될 때까지는 병원에 갈 일이 드물었다. 다만 어릴 적 경북대학교 소아과 교수님이 의사 선생님의 롤 모델이 되었기에, 다른 병원에 가서도 같은 잣대로 기대하는 문제가 있기는 하다.

50대의 끝자락에 이르러 유난히 병원 출입이 잦아지더니, 119 구급대의 도움을 받는 응급 상황도 겪었다. 감사하게도 내 기억 속의 소아과 교수님처럼 정확한 진단과 치료는 물론 마음까지 따뜻하게 보듬어주는 분들을 만났다.

중학교 입학을 앞두고 아지매뻘 되는 친척이 우리 집으로 오셨다. 나보다 몇 살 어린 아들도 동행했는데, 귀에 생긴 고름이 뇌 쪽으로 번져 수술이 필요하단다. 친척 동생은 큰오빠의 도움으로 대학병원에서 수술을 받고 완치되었다.

초등학교 3학년 때 같은 반 친구는 귀에서 고름이 줄줄 흐르는데 병원에 가지 않고 뜨거운 물에서 나오는 증기를 귀에 쐰다고 했다. 그때는 귓병이 흔했고 민간요법이라는 이름으로 이런 엉터리 치료를 받는 경우가 드물지 않았다.

2006년 동티모르에서 겪었던 일이다. 베닐랄레라는 산골 마을로 가서 돈 리날디 중학교 학생들과 실험 수업을 하였다. 함께 출국했던 보건 선생님은 90% 이상의 학생들이 귀에 고름이 차는 귓병을 앓고 있다며 안타까워하였다. 다행히 그녀의 진심 어린 치료 덕분에 귀국할 즈음 모두 나았다. 태어나서 예방 접종은 물론 약을 먹어 본 적이 없다는 어린 학생들을 만나면서 가슴이 먹먹했다.

과일 전지 실험에 쓸 바나나와 레몬을 준비해 주었는데도 대조군이 더 필요하다며 운동장의 과일나무에 오르던 아이들이 지금은 열혈 청년이 되었겠다. 당시 사진을 보고 있노라면 그들과 함께했던 행복한 날들이 새록새록 떠오른다.

어머니의 손님 접대 방식은 촌수와 관계없이 한결같았다. 이불 홑청에 풀을 먹여 빳빳하게 잡아당겨 깔끔한 이부자리를 준비하셨고, 소고깃국을 끓이고 별식 반찬을 만드셨다. 그리고 손님들이 떠날 때면 차비가 든 봉투를 건네셨다. 나는 불쑥 찾아온 먼 친척들이 반갑기보다는 내 방을 내어주어야 하고 어머니의 수고가 더해지는 상황이 못마땅했다.

오래전 영세를 앞두고 자신이 지은 죄를 돌아보는 시간이 숙연한 분위기 속에서 진행되었다. 병원에 가려고 큰오빠를 찾아와서 우리 집에 머물던 사람들이 떠올랐다. 어머니와 큰오빠는 그분들이 떠난 후에도 일절 다른 말이 없었는데 나만 때때로 곱지 않은 시선을 보냈다. 도움이 필요하다고 찾아온 이들을 불편하게 여기던 아이는 나이가 한참 들어서야 비로소 자신의 잘못이 무엇인지 깨달았던 것이다.

여로

"아 엠 그라운드. 배우 이름 찾기 짝~짝."

"김지미 짝짝." "문희 짝짝." "최무룡 짝짝." "……."

"또 금우가 걸렸나? 니는 배우 이름을 우째 그케 모르노?"

그러게 왜 나만 자꾸 걸리지? 예나 지금이나 연예인 이름을 기억하는 데 젬병인 이유가 뭘까.

고등학생이었을 때 「후회합니다」라는 드라마가 인기 절정이었다. 등교하자마자 어제 박근형이 어쨌다는 이야기를 화제 삼는 친구들로 시끌벅적했다. 대학교 졸업 무렵으로 기억하는 「사랑과 진실」은 방영 시간에 수돗물 사용량이 뚝 떨어질 정도로 시청률이 높았다.

두 드라마의 인기에 버금가는 「여로」라는 연속극이 1972년에 방영되었다. 여로를 보려고 TV를 사는 집이 있을 정도였는데, 주인공 영구 흉내를 내다가 어른들에게 야단맞는 아이들도 나왔다. 유복한 명주 집이 먼저 TV를 구매했고 곧이어 성희네도 같은 모델을 들여놓았다.

여로만큼이나 사랑을 받았던 김일 선수의 박치기가 등장하는 레슬링을 보려고 사람들이 전파상 앞에 줄을 섰다. 당수도 9단으로 알려진 천규덕 선수의 인기도 김일 선수 못지않았다.

여로가 끝날 즈음 우리 집에도 TV를 장만하였다. 날씬한 네 개의 다리 위에 놓인 상자 속에 모니터가 숨어있어, 접이식 문에 달린 손잡이를 드르륵 젖혀야 화면을 볼 수 있다.

"인자부터는 테레비 볼라꼬 명주 집에 안 가도 되겠구나."

할머니의 말씀에 눈물이 핑 돌았다. 그동안 명주 엄마가 싫은 내색을 보이지는 않으셨다. 그래도 TV 위쪽을 손으로 만지면서, "여가여기가 뜨끈뜨끈하다." 하실 때면 우리 집에도 TV가 있었으면 하는 마음 굴뚝같았다.

막상 텔레비전을 사자 어머니는 시청 시간을 제한하셨다. 공부하는 데 방해된다, 눈이 나빠진다, 전기요금이 많이 나온다.

이유도 다양하였다. 신문에 소개되는 프로그램을 미리 검토한 다음 꼭 봐야 하는 이유가 타당할 때 TV를 켜면 된다고 시간 관리의 대가인 둘째 오빠가 조언하였다.

이때 형성된 습관 덕분인지 TV와 컴퓨터에 필요 이상으로 몰입한 적이 없다. 많은 사람이 알고 있는 드라마 줄거리와 연예인 이름을 나만 모르는 부작용이 있기는 하지만.

명절이 되면 전에 극장에서 상영했던 영화를 TV로 보여주었다. 영화관과는 달리 TV 화면에는 배우들의 얼굴이 길쭉하게 나왔다. 배우 허장강은 얼굴이 뾰족하게 강조되어 악역이 더욱 빛을 발하였다. 그러나 남정임처럼 고운 얼굴의 여배우는 어색하게 보였다. 타원형의 바퀴가 굴러가는 장면도 좀처럼 적응이 되지 않았다.

TV를 보는 집이면 안테나와 함께 또 다른 필수품이 있다. 도란스(트랜스)라 불리는 변압기이다. 한창 재미나게 보고 있을라치면 화면의 폭이 점점 줄어들다가 가로로 긴 줄을 남기고 나머지 부분은 시커멓게 변했다. 해결 방안으로 변압기의 스위치를 높여주었다. 전압이 낮아 어쩔 수 없다고 하나 그것이 근본 대책일 수는 없었다.

집마다 '악~' 하는 소리가 들려오면 동네 모두 정전이 되었다는 신호이다. 우리 집의 화면만 사라지는 때도 있다. 그럴 때는 두꺼비 집을 열고 끊어진 퓨즈를 연결하거나 때로는 TV 내부의 진공관을 교체하였다. 큰오빠가 이런 문제들을 척척 해결하였다.

아버지께서 손수 짜서 만든 나무함에는 니퍼, 드라이버, 펜치 같은 공구들이 종류별로 들어있었다. 공구함은 자신을 만들어 준 주인이 떠난 후에도 오래도록 같은 자리를 지키다가 재개발된 집과 함께 사라졌다.

어머니께서 떠나시고 25년이 지난 후 대봉동 집을 찾았다. 봉산동에서 대봉동으로 이사하여 부모님과 마지막까지 살던 집이다. 며칠 후면 재개발로 집이 허물어진다고 했다. 부모님의 손길이 수천 번도 더 닿았을 물건들 틈에 어릴 적 텔레비전이 있었다. 나중에 컬러 TV로 바꾸고 나서 버린 줄 알았다. 뜻밖의 발견에 기쁜 마음도 잠시뿐, 부모님 생각에 가슴이 미어졌다.

사려 깊은 조카 훈이가 다음 날 TV를 싣고 광주로 왔다. 저녁 7시에 출발하여 우리 집에 내려놓고 새벽 1시가 넘은 시간에 다시 대구에 도착했단다. 고모의 추억 때문에 조카가 먼 길을 마다하지 않고 차를 몰고 달려왔다고 생각하니 고마우면서도 미안했다.

바람 잘 불고 햇볕 좋은 날 TV 뒤쪽을 열었다. 다행히 회로가 끊어지지 않고 부품들도 예전 상태처럼 양호했다. 오랜 세월 쌓인 두꺼운 먼지를 털어내고 진공관을 일일이 뽑아 반들반들하게 닦았다. 훈이는 TV를 다시 볼 수 있게 전문 기술자에게 보내자고 했지만, 화면이 나오지 않으면 어떠랴. 이대로도 족하다.

아날로그 통신

몇 해 전에 이사를 결심하고 틈틈이 짐 정리를 하였다. 안타깝게도 10대를 추억할 만한 편지는 찾을 길이 없다. 기억은 생생하게 남아있어 그나마 다행이다 싶어 위안으로 삼는다.

5학년 때 전근 가신 선생님께 보낸 편지는 엽서로 답장이 왔다. '결승점을 통과하고 쓰러져 맥없이 누워있던 네 모습이 눈에 선하군.'으로 시작하는 문장과 날렵한 필체를 지금도 기억한다.

6학년 2학기 개학일에 선생님께서 내게 몹시 화를 내셨다. 여름방학 때 담임에게는 연락이 없으면서 작년 담임 선생님께 편지를 보내다니 괘씸하기 짝이 없다는 것이다. 편지는 학년을 마치고 나서 감사의 마음을 담아 쓰는 것이라는 생각 외에 다른 뜻은 없었다.

며칠 후 선생님을 찾아갔거나 편지로 진심을 전하였으면 좋았으련만, 그러지 않았던 것을 후회한다. 얼마나 서운하셨으면 공개적으로 말씀하셨을까. 6학년 선생님은 이듬해 경북의 학교로 전근 가셨다.

중학생이 되어서도 인생에 깊은 감명을 안겨준 선생님들을 만나는 행운이 따랐다. 우리를 온전한 인격체로 존중해주신 음악 선생님께 고등학교에 진학하고 여러 차례 편지를 드렸다. 한영창 선생님의 답장은 부드러운 글씨체에 문장마다 희망의 메시지가 담겼다.

1학년 때 국어를 담당하셨던 이풍재 선생님은 안부 편지에 감동적인 답장으로 화답해주셨다. 나의 수업 태도가 좋다고 자주 칭찬하셨는데, 편지에는 어떤 면이 모범적인지 구체적으로 묘사되어 있었다.

우리말에도 문법이 존재한다는 사실이 신기하였고, 질문하면 차근차근 답변해 주셨기 때문에 저절로 집중되었을 뿐이다. 그런데도 넘치도록 칭찬을 받았다. 이과적인 성향이 강한 내가 국어를 멀리하지 않았던 까닭은 이풍재 선생님의 가르침을 받은 덕분이라고 믿는다. 세월이 흘러 하늘의 별이 되신 두 은사님을 위한 기도를 잊지 말아야겠다.

처음 교단에 설 때부터 받았던 우편물을 보관해온 대형 상자 하나를 개봉하였다. 거기에는 선생님 전상서로 시작하는 안동의 학교 제자들이 보낸 편지들로 빽빽했다.

고등학교에 진학하여 스승의 날을 앞두고 선생님이 생각나서 보낸다는 사연, 집에서 키우는 진순이가 강아지를 낳았다는 소식, 실험 수업이 무지 재미있다는 내용, 철없이 굴었는데 졸업하고 보니 선생님의 은혜를 새삼 생각하게 되었다는 문구까지 손편지에 담긴 따뜻한 마음이 전해지는 듯했다.

성인이 되어서도 꾸준히 편지를 보내는 제자가 있다. 오하이오 주립대학교에서 공학박사 학위를 받고 미국에 사는 김홍진 박사의 편지는 나중에 이메일로 바뀌어 지금까지 이어지고 있다. 몇 년 전에는 미국에서 보낸 감동적인 손편지도 받았다.

또 다른 상자에는 친구들로부터 받은 편지들이 가득했다. 그토록 원하는 직장을 얻었건만 나름대로 고민이 많던 시절이었다. 친구들이 보내준 편지를 다시 읽으면서 잠시 젊은 시절을 추억하였다.

1985년 6월에 처음 교단에 섰고 60명이 넘는 중2 학생들의 담임이 되었다. 당시 비상 연락망에 전화가 있는 집이 손에 꼽을 정도였다. 결석하여도 부모님께 연락할 수단이 마땅치 않아, 같은 동네에 사는 친구에게 인편으로 소식을 전하였다. 그 마저도 여의치 않을 경우는 이장님 집으로 전화를 걸어 도움을 청했다.

방송으로 선생님을 찾는 경우도 흔했다. '○○선생님! 시외 전화 왔습니다.' 소리를 듣고 부리나케 교무실로 향했다. 나도 대구에서 어머니에게 걸려온 전화를 그렇게 받았다.

주인집을 통해 오는 연락은 안방 옆의 마루로 가서 받았다. 전화를 바꾸어주는 일이 여간 성가시지 않을 텐데, 주인집 식구들 누구도 싫은 내색을 보이지 않았다.

내가 전화 걸 일이 생기면 도로변으로 걸어 나와 공중전화를 이용했다. 그런 생활이 딱히 불편하다고 받아들이지 않았기에 서른 살이 넘어 비로소 내 명의의 전화를 개통하였고, 지금까지 국만 바뀌어 같은 번호를 쓰고 있다.

그렇다면 부모님 집에는 언제 전화가 들어왔을까? 봉산동에 살 때 신청했던 전화가 2년의 기다림 끝에 대봉동으로 이사와서 개통되었다. 12살 소녀에게 반짝거리는 검은색 전화기가 어찌나 멋있게 보이던지 친구들에게 자랑하며 다녔다. 다이얼을 돌리는 짱짱한 소리마저 경쾌하게 들렸다. 귀한 전화기 아래에 놓을 받침대는 언니가 진노랑 뜨개실로 완성하였다.

다이얼 전화기를 앞에 두고 사용 방법을 모르는 10대가 등장하는 영상을 보았다. 부모님 집 전화기도 오래전에 버튼식으로 바뀌었지만, 여전히 다이얼 전화기에 정감이 간다. 번호마다 손가락을 집어넣고 일일이 돌려야만 연락이 되는 기다림의 미학을 다이얼 전화기를 쓰면서 배웠다.

6학년 때 담임 선생님께서 서울 사는 누님 집 전화번호 앞에 02를 돌리면 바로 연결된다고 알려주시자 아이들에게서 신기하다는 반응이 나왔다. 고등학교에 진학해서는 영천의 금호읍에서 손잡이를 회전하여 교환수를 호출하는 전화기도 사용해 보았다. 같은 해 런던에서 걸려온 사촌오빠의 전화가 내 인생 최초의 국제전화 통화이다. 바로 옆에서 이야기하듯이 선명하게 들려 세상 참 좋아졌다고 부모님께서 기뻐하셨다.

초등학생들도 저마다 스마트폰을 들고 다니고 5G가 등장한 시대에 살고 있다. 편리한 기능을 가진 휴대전화가 때로는 사람을 더욱 외롭게 만들기도 한다는 생각은 나의 억측일까. 학교폭력 위원회가 열릴 때 증거물로 제시되는 메시지를 보면 휴대전화를 사용하는 목적이 의아스러울 정도이다.

아날로그 통신을 그리워하는 나는 시대에 뒤떨어진 사람이라는 말을 듣기 십상이다. 그런데도 순식간에 메시지가 전송되는 기기를 통하기보다 상대방과 직접 얼굴을 마주 보고 대화를 나누고 싶다. 서로의 진심과 온기를 느끼면서…….

먼 훗날 다시 만나면

부모님을 모두 여읜 내 친구는 단 5분만이라도 그분들을 다시 만날 수 있다면 더는 원이 없겠다며 울먹였다. 밤새 높은 산을 넘고 다시 먼 길을 달려 깊은 바다까지 헤엄쳐 건너야 부모님과 재회할 수 있다고 해도 기꺼이 그렇게 하겠단다.

그러나 이별 후에 찾아오는 슬픔을 감당할 자신이 없는 나는, 먼 훗날 부모님과 다시 만나 영원히 함께 살게 해 주십사 하느님께 간절히 청하겠다.

먼 훗날 다시 만나면, 먼저 큰절을 올린 다음 부모님의 딸로 태어나서 참 좋았노라. 비록 일찍 헤어졌지만, 책에 담을 만큼 넉넉한 추억을 만들어주셔서 감사하다고 말씀드리겠다.

온 가족이 TV 앞에 모여 앉아 시원한 수박화채를 먹으며 홍수환 선수 응원하던 날을 부모님도 잊지 않으셨는지, 친척 병문안 갔던 대학병원의 구내식당에서 백반 두 개를 주문하여 하나는 내 몫으로 주시고 나머지는 두 분이 나누어 드셨는데, 내 생애 첫 외식인 8살 봄날의 일을 부모님께서도 기억하시는지 여쭈어보겠다.

먼 훗날 다시 만나면, 부산행 기차 안에서 저 멀리 산을 타고 오르는 뭉게구름을 아버지도 바라보셨는지, 그날 오래 정차했던 어느 역 화단에 핀 소담한 꽃들이 7살 딸처럼 예쁘다 하셨는데 지금도 그렇게 생각하시는지 궁금하다 말씀드리겠다.

이별하기 두 시간 전 울고 있는 나에게, 이렇게 눈물이 많아서 험한 세상 어떻게 살아가려 하느냐? 이제부터는 울지 않겠다고 약속하자셨는데 그 약속을 지키지 못하였고, 늦었으니 그만 자러 가라는 말씀에 따르지 말았어야 했으며, 어머니의 부름을 받고 황망히 안방으로 달려가 체온이 남아있는 아버지 손을 붙잡고 그제야 사랑한다고 했는데, 실은 평소에 하고 싶은 말이었다고 고백하겠다.

먼 훗날 다시 만나면, 탈진하여 링거 맞는 나를 밤새 간호해

주셨고, 맹장염 수술받고 새벽 2시에 깨어났을 때도 내 곁을 지키셨는데, 정작 어머니께서 편찮으셨을 때 나는 그렇게 하지 못하였노라 용서를 빌겠다. 어머니는 평생 나를 기다려 주셨건만, 취직하고 주말에 대구로 오면 친구들을 만나러 나가 어머니 홀로 집에 계시게 하여 죄송했다 말씀드리겠다.

이불 홑청에 빳빳하게 풀을 먹여 잠자리를 준비해 주셨고, 가지런한 채 솜씨에 정갈함이 더해진 맛깔스러운 상을 차려주셨으며, 공부해라 숙제했느냐 다그치지 않으셨기에 잠재적인 재능을 맘껏 펼칠 수 있었다고 감사하다 진심을 전하겠다.

유리병에 오미자라는 글자를 쓰고 이런저런 물건의 위치를 알려주시던 날, 왜냐고 묻는 나에게 혹시 어디로 멀리 갈 수도 있기 때문이라고 하셨는데도 이별이 임박함을 짐작하지 못하였고, 떠나시기 사흘 전에 엄마 옆에서 하루 더 자고 월요일 새벽에 안동으로 가면 어떻겠냐는 권유를 받고도, 시험 문제 출제를 이유로 일요일 저녁에 출발한 일을 몹시 후회한다고 말씀드리겠다.

먼 훗날 다시 만나면, 세상의 아픔 다 잊고 봉산동 골목길의 아름다운 추억마저 묻어둔 채 그곳에서 부모님과 함께 새로운 삶을 시작하리라. 영원히……

| 마무리하며 |

"얘! 넌 별걸 다 기억하는구나."

어린 시절을 화제로 삼을 때 친구들에게 자주 듣는 말입니다. 오래전 일인데 어쩌면 그렇게 세세한 부분까지 잊어버리지 않았는지 신기하다는 것이지요. 7살부터 16살 때까지의 기억은 더 선명하답니다. 그럼 친구들이 감탄해 마지않는 예전으로 돌아가 볼까요? 본문에 못다 기록한 사연들이 많지만 몇 가지만 쓸게요.

먼저 동네 이야기부터 시작합니다. 부모님의 고향에서 쌀과 함께 고구마와 감자 같은 곡식이 든 가마니도 올라왔습니다. 그 밭에서 자란 고구마는 삶으면 찐득한 물이 배어 나와 선뜻 손이 가지 않습니다. 물고구마였던 것이지요.

감자는 꽤 맛이 좋은 데다 구우면 고소함이 더해졌어요. 연탄불 위에 감자를 올려놓고 고루 굽습니다. 다 익었다 싶으면 젓가락으로 콕 찍어서 쟁반에 담아 친구들에게 달려갑니다. 까맣게 탄 껍질을 벗겨내고 속을 꺼내 정신없이 먹다 보면 손과 입술 주변이 새까맣게 변합니다.

1학년 때 명호 엄마가 일일교사가 되어 학교로 오셨습니다. 한글의 자음과 모음이 어떻고 하면서 시작된 수업은 가나다라……로 이어집니다. 우리에게 "학생 여러분"이라고 호칭하여 낯설었던 기억이 납니다. 선생님들은 어린이나 아동이라고 하셨거든요.

지금은 도로로 변한 봉산 가구거리 근처에 명호가 사는 대궐 같은 집과 과자공장이 마주 보고 있었습니다. 가운데에 구멍이 뚫린 미니 도넛 모양의 과자를 오도독 씹으면 우유 맛이 났습니다. 명호 아버지 공장에서 만든 과자입니다. 인심 좋은 명호 엄마가 접시에 그득 담아주셨지요. 이런 과자를 언제든지 먹을 수 있는 친구가 부러웠습니다.

9살 봄날, 오후반 수업을 기다리다 학교가 떠나가라 질러대는 환호성에 발걸음을 옮겨 교실 창문 너머로 들여다봅니다. 올림머리를 한 멋쟁이 선생님이 칠판에 붓글씨 같은 필체로 '내일은 소풍을 갑니다.'라고 써놓으셨더군요.

3학년이 되어 학부모 공개 수업 일에 어머니께서 오셨습니다. 발표해도 시원찮을 판에 기쁨을 주체하지 못하여 뒤에 계신 어머니를 쳐다보느라 수업은 잊은 지 오래입니다.

어머니는 어떻게 하셨게요? '얘야 앞을 보렴. 선생님 말씀을 들어야지.'라고 손으로 신호를 보내다가 민망해서 계속하지는 못하셨습니다. 조용한 성격의 어머니가 그날 많이 당황스러우셨을 것입니다.

나무상자 깊숙이 손을 집어넣습니다. 까칠까칠한 딩기겨의 감촉을 견디고 나면 맛있는 사과를 먹을 수 있습니다. 겨가 충전재의 역할을 하여 사과의 흠집을 방지합니다. 겨의 양을 지나치게 늘려 사과가 적게 든 상자도 있습니다.

종이상자는 아예 나오지 않았고, 나무로 만들어 사과 궤짝이라 불렀습니다. 어릴 적에 사과를 좋아하던 사람이라면 오묘한 맛을 기억할 것입니다. 한 입 베어 물면 온몸으로 전해지는 향긋한 내음!

콩을 많이 먹어야 머리가 좋아진다는 어른들의 감언이설(?)에도 콩 덜어내기를 멈추지 않습니다. 여름에는 콩가루에 밥을 비벼 먹기도 했으니 콩을 아주 싫어하는 편은 아니랍니다. 하지만 밥에 섞은 콩은 질색입니다. 서툰 젓가락질로 콩을 하나둘 집어서 아버지 밥그릇으로 옮깁니다. 아버지 밥에 까만 콩이 수북이 쌓이고서야 끝이 납니다.

큰오빠 방에 이런 곳이 실제로 있을까 싶을 만큼 절경인 호수와 산을 배경으로 한 달력이 걸렸습니다. 30년이 지나 오스트리아 잘츠카머구트의 호수 앞에 섰을 때 달력에서 본 바로 그곳임을 알고 놀라움을 감추지 못하였습니다.

다시 어린 시절로 돌아갈 수 있다면, 가장 먼저 부모님의 옛이야기를 듣고 싶습니다. 일제강점기에 태어나서 한국전쟁을 겪으면서 배고픔과 가난을 이겨낸 세대이지요. 부모님의 살아온 여정을 왜 기록으로 남기지 않았는지 후회가 됩니다.

지금은 곳곳으로 흩어져 살고 있을 봉산동 골목길 친구들 그리고 초등학교와 중학교 동기들! 책에서는 실명을 쓰지 않았지만, 언젠가 만나게 되면 어릴 적에 기억하던 이름을 부르면서 이렇게 말하렵니다.

"너희들과 함께했던 그 시절, 행복했어. 덕분에 지금도 행복하단다."